Antonello Guerrera

Il popolo contro il popolo

Perché dopo la Brexit la democrazia e
l'Europa non saranno più le stesse

Rizzoli

Pubblicato per

Rizzoli

da Mondadori Libri S.p.A.
Proprietà letteraria riservata
© 2019 Mondadori Libri S.p.A., Milano

ISBN 978-88-17-14312-7

Prima edizione: ottobre 2019

Il popolo contro il popolo

Prologo
«Brexit no! Anzi, sì!»

Venerdì 19 febbraio 2016. Tardo pomeriggio.

Quartiere di Islington, Londra nord.

In una casa bianca, vittoriana, opulenta, circondata da eleganti cancellate nere, c'è un uomo.

È in un malinconico tormento.

È un politico esperto, brillante, sicuro di sé.

Non questa volta.

«Cosa faccio?»

Tra libri, carte ammassate e scatole confuse, il computer acceso si specchia nei suoi occhi chiari.

Si alza. Rimugina passi nervosi intorno alla scrivania. Lo sguardo scivola nel vuoto dalla finestra.

«Essere o non essere» europei.

Restare o non restare nell'Unione Europea.

Leave or Remain?

«Che faccio?»

Decide di buttare giù un canovaccio, di schizzare un

pezzo di coscienza, abbozzare un articolo, provare l'ebbrezza di schierarsi.

Da una parte e dall'altra.

Sulla Brexit.

È l'ora.

Tra tre giorni, lunedì 22 febbraio 2016, dovrà comunicare la sua decisione alla nazione.

Deve prendere posizione in un editoriale sul *Daily Telegraph*, che lo paga 275mila sterline all'anno per un commento alla settimana.

Alle 18,32 manda una versione iniziale, via e-mail, alla seconda moglie Marina, sposata nel 1993 dodici giorni dopo aver divorziato dalla prima consorte, la fidanzata dell'università.

Marina è un'avvocatessa. Sarà decisiva nella scelta. È stata decisiva in tutta la sua vita. Ha scelto anche il quartiere dove lui ora vive e almanacca.

«È stata lei a convincermi che la mia decisione non era affatto folle» dirà poi a Tim Shipman, capo della redazione politica del *Sunday Times*, come riportato nella sua "bibbia" della Brexit, *All Out War*[1].

Ma la prima versione dell'articolo, successivamente rivelata dallo stesso Shipman, è sgraziata.

Inizia con una diciottenne inglese, «cittadina del mondo» e disinteressata alla sovranità del suo Paese.

Poi si passa alle norme Ue che «impediscono alle autorità locali britanniche persino di regolare il traffico dei camion in città». Sarebbero «responsabili di numerose morti di ciclisti», di giovani donne schiacciate dalle ruote degli automezzi.

«Persino i contadini del Vermont hanno più potere di noi!»

Dopo questo dubbio, l'articolo comincia a gonfiare retorica anti-europeista.

«Quale economia cresce di più ed è più dinamica? Quella europea o quella americana?»

«Tra il 15 e il 50 per cento delle nostre leggi vengono scritte dall'Ue.»

«La Corte Europea di Giustizia ha sempre l'ultima parola, noi no.»

«La nostra sovranità è stata svenduta.»

«Vogliono un'unione fiscale e monetaria.»

«Il nostro premier ha strappato un eccellente accordo di riforme a Bruxelles. Ma non basta a fermare la "macchina" europea.»

«La realtà non cambia. In Europa vogliono creare un'unione ultra-federale, *e pluribus unum*, ma la maggioranza di noi britannici non è d'accordo.»

L'articolo per abbracciare ufficialmente la Brexit sferra altri colpi: «Dobbiamo districarci da questi elementi sovranazionali. Diranno che ci saranno rischi per l'economia, per la City di Londra: molto probabilmente sono esagerati. Abbiamo sentito le stesse storie quando non abbiamo adottato l'euro: non era vero. Certo, la Brexit potrebbe generare tensione tra Scozia e Inghilterra. Ma mi pare che gli scozzesi sulla questione [l'uscita dall'Ue, N.d.R.] voteranno più o meno come gli inglesi».

«Ci diranno che la Brexit sarà un favore a Putin. Ma lo è di più la passività dell'Occidente in Siria.»

«Come disse Winston Churchill: interessati e associati

all'Europa, ma mai costretti. Sono cinquecento anni che blocchiamo le potenze continentali coalizzate contro di noi.»

E poi il nostalgico déjà-vu imperiale. Immancabile.

«Se il *Leave* vincesse, dovremmo negoziare in tempi molto rapidi un gran numero di accordi commerciali. E quindi? È impossibile? Ci siamo così abituati alla "tata" Bruxelles che siamo diventati infantili, incapaci di immaginare un futuro indipendente. Eppure abbiamo gestito a lungo il più grande impero del mondo.»

Epilogo: «Siamo leader europei e mondiali in tanti settori, finanza, servizi, media, scienze, università, cultura. Ora è il momento di aprirci ancora di più, basta attaccarci alla gonna della nostra tata a Bruxelles!».

«Abbiamo dato tanto al mondo, pensate soltanto alla democrazia parlamentare. Questo è il momento giusto per avere un referendum! Perché l'Europa cambia e anche il Regno Unito cambia!»

«Okay, suona bene, può andare.»

Anzi, forse no...

Poco dopo, lo stesso politico, la stessa persona, lo stesso autore scrive un secondo articolo.

Stavolta a favore della permanenza del Regno Unito nell'Unione Europea.

Perché da settimane il nostro guada nel dilemma esistenziale tra Brexit e non Brexit.

Poche settimane prima ha addirittura pubblicato un editoriale in cui lodava il mercato unico e l'unione doganale dell'Ue.

Come racconta sempre Shipman, scrive questo secondo articolo di getto, mille parole in un'ora. Niente a capo.

«Mah, è un po' una merda.»

Il nostro è ancora tremendamente indeciso. Tutti, europeisti ed euroscettici, dal premier ai ribelli del partito, insistono: lo vogliono sulla loro chiatta.

Lo pressano. Deve decidere. Subito.

Perché tutti sanno che qualunque sua decisione sposterà definitivamente gli equilibri.

Quindi lui scrive, scrive, scrive. Gli viene benissimo: ha una penna eccentrica, brillante, affilata. Sperimenta il suono, l'effetto, il vento mediatico che scuoterebbe. In lui ma soprattutto nel pubblico, da amabile istrione qual è.

Quando era corrispondente, si motivava chiudendosi in una stanza. Si offendeva allo specchio, sputava sulla sua faccia riflessa, umiliava ogni centimetro di se stesso.

E poi ripartiva. Più forte di prima.

Spedisce l'editoriale anti-Brexit alla moglie Marina alle 21,04 del 19 febbraio. Il giorno dopo lo inoltra a due suoi fidati collaboratori.

Questa seconda versione amoreggia ancora con l'agognata riconquista della sovranità britannica. Cita «Ercole (ma non era Orfeo?) che va a riprendersi Euridice dall'Oltretomba». Poi la «liberazione di ostaggi politici nell'Operazione Entebbe», dopo l'intervento dell'esercito israeliano e del Mossad in Uganda nel 1976.

«Le riforme ottenute da Cameron a Bruxelles non basteranno a fermare la "macchina europea".»

Però...

«Nonostante tutti questi difetti e delusioni, davvero volete che il Regno Unito esca dall'Unione Europea?» scrive verso la fine. «E in questo momento?».

La «malefica» Corte di Giustizia europea, le leggi imposte da Bruxelles, la mancanza di controllo e sovranità permangono anche in questa versione. Ma l'obiettivo è l'opposto.

«Quasi tutti si attendono uno shock economico post Brexit. Magari le cassandre stanno esagerando le conseguenze, ma avranno davvero così torto?»

Incredibilmente, riga dopo riga, le tesi del primo articolo a favore della Brexit vengono ribaltate.

«La Scozia preoccupa: un voto per l'uscita dall'Ue prettamente inglese potrebbe portare alla disgregazione del Regno Unito.»

«E poi c'è il problema Putin: non vogliamo incoraggiare ancora di più la tracotanza a torso nudo del leader russo. Non in Medio Oriente, né altrove.»

«È una manna per il mondo intero e per l'Europa che Londra rimanga strettamente legata all'Ue.»

Non mancano le lodi al Mercato comune europeo, fino alla paradossale conclusione: «Sì, cari amici, le riforme che ha portato a casa il premier Cameron mi sembrano un po' una fregatura, ma hanno le basi per costruire qualcosa di ottimo in futuro. Quindi ho deciso di soffocare il mio disappunto e dare tutto il mio sostegno al primo ministro».

Restiamo in Europa!

Ma no.

Non basta.

Sceglie il primo articolo.

E sposerà, per sempre, la Brexit.

Perché sua moglie gli dice che è l'articolo migliore.

Perché è quello che sente di fare.

Forse.

Quest'azzardo potrebbe essere la scelta migliore per la sua carriera.

E cambierà per sempre la storia del Regno Unito.

Finalmente, il 22 febbraio 2016 sul *Daily Telegraph* esce una versione estesa del primo articolo. È ancora più affinata e potente.

Titolo: *C'è un solo modo per ottenere il cambiamento che vogliamo: votare per uscire dall'Ue.*

Ma l'attesa non regge.

Il giorno prima, domenica 21, la pressione e le voci intorno alla sua decisione si fanno pesanti. Asfissianti. Insostenibili.

Manda un messaggino al primo ministro.

Ma sì, citiamo Rudyard Kipling.

«Io e la Brexit saremo schiacciati come un rospo sotto un erpice. Ma devo farlo. Perdonami.»

Alle 5 del pomeriggio in punto esce dalla sua elegante casa assediata da reporter e fotografi.

E annuncia.

«Dopo tante, difficilissime, drammatiche riflessioni, ho deciso. Farò campagna per la Brexit.»

È tutto qui.

La storia, lo psicodramma, il destino della Brexit.

In questo bivio. In questa mente. In questa roulette.

È fatta.

L'autore dei due articoli non cita la possibilità che il Regno Unito possa uscire dall'Ue pericolosamente senza un accordo, come alluderà poi. Invoca invece «un periodo di transizione di almeno due anni» affinché la Brexit limiti i danni.

La sua previsione sul voto scozzese si rivelerà clamorosamente sballata. Il 53,4 per cento dell'Inghilterra voterà a favore dell'uscita dall'Ue, mentre il 62 per cento degli scozzesi si schiererà contro la Brexit.

Ma soprattutto, la madornale questione del confine irlandese post Brexit non viene mai citata, in nessuna bozza dei vari articoli.

Eppure sarà proprio il destino della frontiera tra Irlanda e Irlanda del Nord lo scoglio insuperabile dei negoziati tra Regno Unito ed Europa e il responsabile di un estenuante stallo politico, quasi quattro anni dopo quel clamoroso referendum del 23 giugno 2016.

Quest'uomo, che si è deciso sulla Brexit solo dopo due articoli bipolari, diametralmente opposti, è diventato primo ministro britannico il 24 luglio 2019, con l'approvazione dallo 0,4 per cento della popolazione (gli iscritti del partito conservatore), promettendo di realizzare, finalmente, la Brexit.

A ogni costo.

No ifs or buts. Senza se e senza ma.

Do or die. Questione di vita o di morte.

«Meglio morto in un fosso che chiedere all'Ue un rinvio della Brexit.»

Quest'uomo si chiama Boris Johnson.

Introduzione
Perché la Brexit ci riguarda

Economia anemica, sterlina ai minimi da anni, profonda incertezza politica, istituzioni e costituzione sotto assedio, nuovo rischio di recessione e austerity, inquietante declino dei partiti istituzionali, fuga di capitali da Londra, proteste e tensioni sociali in tutto il Paese, scorte di cibo e medicinali nei magazzini, il rischio di una nuova guerra civile in Irlanda, il Regno Unito che potrebbe disgregarsi dopo oltre tre secoli di gloriosa storia, le vite di 3,2 milioni di cittadini Ue oltremanica e 1,2 milioni di cittadini britannici in Ue in bilico, un nuovo leader populista come Boris Johnson e molto amico di un altro sovranista «uomo forte», Donald Trump, spinosi accordi commerciali da raggiungere, destabilizzanti elezioni politiche all'orizzonte, un *No Deal*, cioè l'uscita senza accordo dall'Ue, che potrebbe recare gravi danni all'economia, alla stabilità monetaria e agli asset britannici.

La Brexit doveva essere la liberazione del Regno Unito dalle catene dell'Unione Europea, l'alba di un futuro radioso, il giorno dell'indipendenza britannica.

Invece per oltre tre anni è stata una notte buia e tempestosa, per Londra e il resto del Paese, sprofondato in un raro psicodramma collettivo e a lungo incapace di trovare una via d'uscita dal labirinto borgesiano del referendum del 23 gennaio 2016. Che ha sentenziato, con il 51,89 per cento e 17.410.742 di voti (contro 16.141.241), l'addio del Regno Unito dall'Europa dopo quarantatré anni di appartenenza prima alla Comunità economica europea (Cee, il mercato comune) e poi all'Unione Europea.

Una decisione che si è rivelata complicatissima da attuare, come ha notato l'attorney general, cioè il massimo legale del governo, Geoffrey Cox: «Non possiamo smantellare oltre quarant'anni di relazioni con l'Unione Europea in così poco tempo». Ma era un esito purtroppo prevedibile dopo una campagna elettorale superficiale e spesso fallace. Per un referendum manicheo, impiccatosi al riduttivo «restare/uscire», che ha azzerato quasi mezzo secolo di storia britannica e legami intensi – seppur difficili – con l'Ue.

Il 24 maggio 2019, nel suo commovente annuncio delle dimissioni nel soleggiato cortile di Downing Street, l'ex premier britannica Theresa May ha pronunciato una frase rivelatoria: «La Brexit non è soltanto l'uscita del Regno Unito dall'Ue, ma qualcosa che cambierà profondamente il nostro Paese».

Questo perché la Brexit è un radicale esperimento per l'intero Occidente, e il Regno Unito è la sua cavia, seppur a volte sfugga la portata storica di questa profonda frattura nel mondo liberale.

Questo non è dunque solo l'addio di Londra alle grigie istituzioni di Bruxelles, burlate da Boris Johnson da corrispondente per il *Daily Telegraph* dalla capitale belga. Questo è un colossale terremoto geopolitico che allargherà le crepe in Europa e nell'Occidente, come nei migliori auspici della Russia putiniana e del presidente americano Donald Trump, per cui l'Ue ha spesso azzoppato il suo «individualismo globale» e le strategie commerciali che persegue.

Non a caso, la clamorosa uscita di Londra dall'Unione Europea ha anticipato e innescato l'altrettanto sconvolgente elezione di Trump, avvenuta soltanto qualche mese dopo. «Senza la Brexit, Donald non ce l'avrebbe fatta» commentò poco dopo la sua vittoria l'amico Nigel Farage, irriducibile euroscettico della storia recente britannica.

Ora, la domanda è: la tempesta della Brexit, che ci sia o meno un accordo tra Uk e Ue, quanto durerà? Quanti e quali altri danni causerà al Regno Unito? Quanto sarà contagiosa questa tormenta shakesperiana? E soprattutto, nonostante le difficoltà iniziali, l'avanzata sovranista della Brexit conquisterà anche il resto d'Europa?

L'Italia, Paese fondatore dell'Ue, di recente ha avuto al potere il governo più populista ed eurocritico dopo la Seconda guerra mondiale. E non è escluso che, in caso di elezioni politiche in un prossimo futuro, potrebbe ereditare l'esecutivo più di estrema destra dopo Mussolini. Inoltre, l'Italia è oggi uno dei Paesi maggiormente euroscettici in Ue, con la latente tentazione di un'Italexit, di un addio all'euro e magari anche all'Ue, che ogni tanto riemerge soprattutto in partiti come la Lega – si veda il caso dei minibot proposti dall'economista leghista Claudio Borghi e da lui stesso descritti in passato come una potenziale moneta parallela all'odiato euro.

Questo libro nasce per rispondere proprio a tali domande e per raccontare un'essenziale ma dettagliata storia della Brexit, narrata attraverso i suoi protagonisti, più o meno famosi, con contenuti, interviste e retroscena esclusivi. Vuole analizzare le vere cause e le possibili (e tuttora invisibili) conseguenze di questo smottamento nel cuore dell'Occidente, le conseguenze per il Regno Unito e l'Europa, e soprattutto la lezione che – in primis noi italiani – possiamo trarre da un così gigantesco azzardo storico.

Al di là di fenomeni come Marine Le Pen, sempre in agguato in Francia, Alternative für Deutschland in crescita in una Germania al tramonto della rassicurante era Merkel, governi illiberali o reazionari come in Ungheria e Polonia e gli estremisti di destra che avanzano nei Paesi Bassi, in Spagna e nel finora moderato Nord Europa, l'Italia condivide in maniera piuttosto marcata il destino e alcuni sentimenti anti-europei con il Regno Unito.

Sia l'Italia che il Regno Unito potrebbero andare al voto nei prossimi mesi. Entrambi potrebbero avere due premier fortemente sovranisti ed euroscettici. Entrambi hanno un'economia zoppicante. Entrambi potrebbero subire l'attrazione (fatale?) di Donald Trump e di Putin. Il Brexit Party di Nigel Farage e il Movimento Cinque Stelle hanno molte più somiglianze di quanto si pensi (vedremo perché). Entrambi i Paesi sembrano tra i più euroscettici nell'Unione Europea. Entrambi potrebbero presto (ri)chiudere ermeticamente i confini. In entrambi, le opposizioni e il centro-sinistra arrancano. Entrambi sono di fronte a un bivio cruciale per il loro futuro.

Nell'estate 2019 il grande scrittore irlandese John Banville mi ha detto: «Oggi la Gran Bretagna è piena di Robinson Crusoe, di naufraghi che vogliono conquistare la loro stessa isola. Che illusione: sono stati imbrogliati da ciarlatani, come nell'America di un miliardario ignorante al potere. Infatti il Regno Unito si sta mangiando da solo, politicamente e socialmente. I danni della Brexit si ripercuoteranno per generazioni e generazioni. Un Paese modello di liberalismo e giudizio si è spaccato a metà e ora può affondare. L'impero colpisce ancora, come diceva anche Salman Rushdie. Ma purtroppo molti inglesi anche oggi si sentono scelti da Dio, anzi si considerano "self-made men", come Robinson Crusoe, come si sono fatte da sole la società e l'industria britanniche. Gli inglesi potranno sopravvivere anche al naufragio della Brexit? Forse sì. Ma certo ora ritirarsi sulla propria isoletta è un'idiozia fuori dal tempo. Il problema è che tutti gli inglesi si sentono ancora un'isola, indipendente e suprema. A questo, oggi in Occidente si aggiunge una perversa attrazione per l'ignoranza, la stupidità, la primitività, altra prova del fascismo strisciante».[1]

Personalmente, non credo che il Regno Unito stia scivolando nelle tenebre fasciste, mentre in Italia questa fatalità è un po' più inquietante. Allo stesso tempo, però, come vedremo, le fondamenta democratiche britanniche possono essere paurosamente più gracili di altre (si vedano gli Stati Uniti), soprattutto se un premier come Boris Johnson sfida e pressa i limiti costituzionali, come nel caso della «sospensione del parlamento» decisa tra polemiche e proteste il 28 agosto 2019 per soffocare – senza successo, anche perché illegale secondo la Corte Suprema – la rivolta delle opposizioni alla Camera dei Comuni intenzionate a bloccare il *No Deal*.

Di certo, la Brexit è un salto nel buio, un amico che prende un altro sentiero nel bosco e chissà se lo rivedrai una volta uscito, un huxleyiano «Brexit New World» o, rievocando il film cult di Daniel Myrick ed Eduardo Sánchez, un «Brexit Witch Project», una caccia alle streghe che diventa un labirinto circolare, in cui i malcapitati, come visto sinora, restano sempre nello stesso paralizzante pantano, nonostante i loro sforzi e tentativi di fuga.

Questo libro avrà un approccio laico e oggettivo nei confronti della Brexit.

Forse l'uscita del Regno Unito dall'Ue sarà davvero un disastro economico, sociale e politico. A quel punto, alla luce di simili conseguenze, il progetto europeo potrebbe riguadagnare nuova linfa dalle macerie di Londra, mentre il Regno Unito si avvierebbe verso una decadenza generazionale.

Oppure questa nostalgica rivoluzione sovranista azionata dal referendum del 23 giugno 2016, al di là di qualche «piccolo sobbalzo di percorso» (come dicono i brexiter), a lungo andare sarà davvero la scelta giusta, munifica e lungimirante, confrontata a un'Unione Europea magari sempre più smarrita e flebile. A quel punto la Brexit potrebbe davvero innescare un effetto domino che nei prossimi decenni disintegrerà, pressoché definitivamente, il progetto europeo di Spinelli e Delors.

O, infine, la Brexit sarà semplicemente una via di mezzo tra i due scenari, che insisteranno a dare forza a entrambi i fronti europeista ed euroscettico. Da questa faglia continueranno dunque a emergere sempre più «demoni», come li definì Craig Oliver, lo spin doctor di Cameron, quando il premier si giocò tutto con il referendum della Brexit.[2] Da allora le forze isolazioniste hanno invece iniziato a diffondersi ovunque nel mondo, in primis con la susseguente elezione di Donald Trump a presidente degli Stati Uniti d'America.

Ecco perché la Brexit è così importante, per noi e per tutto l'Occidente. Perché il suo temerario esperimento può rappresentare l'alba di un nuovo progresso: nostalgico, protezionistico, ermetico, ma magari messaggero di una nuova, rassicurante prosperità. Oppure si rivelerà un vandalico «esperi-mento», ossia l'ennesimo ricettacolo di menzogne e false promesse populiste che affosseranno la leggenda, l'economia, la stabilità e la pace sociale del Regno Unito. Ci sono segnali che vanno da entrambe le parti e non è detto che questi scenari contrapposti potrebbero coesistere per molto tempo in futuro.

Non solo. La Brexit, l'elezione di Donald Trump, i nuovi sovranismi europei, l'avanzata politica del leghista Salvini in Italia, la crisi dell'Unione Europea hanno sì esposto temi ricorrenti come la xenofobia, vogliosi rigurgiti di uomini forti, chiusura dei confini, nostalgia isolazionista, protezionismo, guerra all'Unione Europea eccetera. Ma c'è anche un massimo comun divisore di tutti questi fenomeni, qualcosa di molto più grosso.

Tutti questi fenomeni politicamente sismici condividono la sindrome della «perdita del controllo», con tutte le paure, le preoccupazioni e le irrazionalità a essa legate, che potrebbero annunciare in un futuro più o meno prossimo il potenziale decadimento della globalizzazione, del neoliberismo e conseguentemente anche dell'Unione Europea e di altre sovrastrutture internazionali, almeno nella loro attuale versione.

Spiegherò il perché di questa teoria nel capitolo finale del libro.

La Brexit, per molti aspetti, ha inaspettatamente innescato questo smottamento globale, tra l'altro con un epicentro paradossale come il Regno Unito, uno delle nazioni più esploratrici, neoliberiste e fluide della storia.

Nonostante il recente caos della Brexit, tutti gli Stati europei potrebbero subire episodi simili, anche quelli fondatori come l'Italia, o la stessa Francia, i quali, secondo l'ultimo studio dell'aprile 2019 realizzato da Kantar, sono quelli con il minor sostegno popolare all'Ue in un eventuale futuro referendum sulla permanenza nell'Unione: Italia 72 per cento, Francia 74, Grecia 75.

Ancora peggio se si considera «l'Eurobarometro» pubblicato dalle istituzioni europee nel luglio 2019. L'Italia è nettamente il Paese più «scontento» di tutta l'Ue, con soltanto il 43 per cento degli intervistati che considera benefica l'appartenenza all'Unione e il 45 per cento che invece pensa sia venefica (il 12 per cento non sa). L'Italia è anche l'unico membro Ue in cui il malcontento supera la soddisfazione di far parte dell'Unione Europea.[3] Se pensiamo che nella stragrande maggioranza dei sondaggi pre-referendum, la Brexit veniva data quasi sempre come spacciata, è importante non sottovalutare questo dormiente sostrato euroscettico in Italia, ben più spesso di tutti gli altri Stati.

Ecco perché l'epilogo di questo imprevedibile thriller globale, di questo cruciale «decennio breve» spaccato dalla Brexit, comunque vada a finire, interessa tutti noi.

Perché può essere l'inizio di un nuovo Occidente. Oppure, più semplicemente, la fine di quello attuale.

1
Nella testa di Boris Johnson

C'è del marcio in Danimarca

> Certo che gli articoli di Boris Johnson hanno avuto un'influenza. Johnson scrisse che se i danesi avessero votato di sì al referendum su Maastricht, avrebbero avuto molta più Europa a casa loro, molta più integrazione e così via. Quando dissi che erano tutte idiozie, mi chiamarono "maledetto bugiardo".
>
> Ulle Ellemann-Jensen[1]

David Cameron è il principale responsabile del referendum del 2016 vinto dalla Brexit. È noto: l'ex premier conservatore lo ha avallato per sedare – una volta per tutte – l'atavica e indomabile ribellione euroscettica nel suo partito conservatore, come vedremo, contando di vincere piuttosto facilmente come in quello sulla Cee nel 1975. Invece, Cameron ha clamorosamente perso e in una sola notte: da araldo dell'europeismo riformato si è tramutato nel buttafuori sdraiato dell'ultima, definitiva deriva sovranista del suo Paese.

C'è uno studio, pubblicato dall'*Economist* e dall'istituto di sondaggi Ipsos Mori[2], che descrive come pochi altri il devastante azzardo di Cameron. Perché dimostra come, nonostante le inarrestabili gazzarre nella politica britannica e specialmente nel partito conservatore sul rapporto dei Regno Unito con l'Europa, quest'ultimo, in una serie di sondaggi effettuati dal 2006 al 2015, era considerato un serio problema per meno del 10 per cento dei britannici. Una miseria.

Quando però poi Cameron, nel giugno 2015, slega ufficialmente il rabbioso referendum sulla permanenza in Ue (con l'approvazione di tutti i partiti a parte i nazionalisti scozzesi Snp[3]), scatta una feroce propaganda tra i due fronti. Da quel momento, improvvisamente, per il 40 per cento dei britannici l'Europa diventa una questione urgentissima, sfondando quota 50 per cento l'anno successivo.

Uscite le sue attesissime memorie *For The Record*[4] («Per la cronaca») nel settembre 2019, Cameron si è cosparso pubblicamente il capo di cenere in numerose interviste, attaccando però anche i suoi due più grandi «traditori»: Michael Gove, già pluriministro e oggi responsabile governativo della preparazione al *No Deal*, e, guarda caso, proprio Boris Johnson. Perché fu proprio il loro carismatico salto nelle tenebre della Brexit (Gove il primo temerario dei due) a rivelarsi un fattore decisivo nella vittoria degli euroscettici.

Cameron cova ancora un astio raro per Gove e per Johnson, anche perché sono tra i responsabili della morte della sua carriera, fino a quel momento stellare. Ma se riavvolgiamo il nastro di qualche anno, se torniamo alle radici di questo terremoto che ha scosso l'Occidente, forse il principale teorico e responsabile della Brexit è proprio Boris Johnson.

Boris, il biondo masaniello anti-Bruxelles, il nobile arruffapopoli isolazionista, il bizzarro sobillatore dell'euroscetticismo contemporaneo.

Per via di quell'aria guascona e scherzosa, negli anni in molti lo hanno sottovalutato o drammaticamente sminuito. Poi se ne sono pentiti. Come i colleghi giornalisti a Bruxelles che lui sfruttava copiando o edulcorando le loro notizie millantando incapacità o falsa modestia («Io premier? È più probabile che Elvis venga ritrovato su Marte o che io mi reincarni in una pianta di ulivo»[5]). O come Ken Livingston il «rosso», l'ex sindaco laburista di Londra, che nel 2008, contro Boris, è riuscito a perdere le elezioni della capitale nonostante un vantaggio iniziale di 17 punti nelle intenzioni di voto.

Il curioso paradosso è che, come vedremo, l'euroscetticismo sagomato da Boris Johnson, quando era un giovanissimo e ruspante corrispondente da Bruxelles per il *Daily Telegraph* (1989-1994), ha dilagato non solo nel Regno Unito. Le sue scorie sono infatti arrivate in altri Paesi europei, con conseguenze considerevoli.

C'è un eccezionale esempio a sostegno di questa tesi. È avvenuto in Danimarca.

Tutto nasce da uno dei tanti irriverenti, allarmisti e sensazionalistici articoli di Johnson, che ad attaccare e umiliare l'Europa nel suo cuore (Bruxelles) ci prende gusto, giorno dopo giorno. Le sue frizzanti critiche, esagerazioni, mezze bufale conquistano costantemente la prima pagina del suo giornale. In patria diventa presto il cavaliere dell'antieuropeismo e il cocco della «lady di ferro» Margaret Thatcher e del partito conservatore.

In una placida domenica del maggio 1992, il *Telegraph* pubblica un incendiario articolo di Boris. Titolo: "Così Delors vuole governare l'Europa".

Citando fonti molto probabilmente fantasiose e speculando su un incontro dei ministri degli Esteri europei a Guimarães, in Portogallo, Boris «rivela» che l'allora presidente della Commissione Ue Jacques Delors, uno dei padri dell'Unione Europea, si sta preparando a sferrare «la sua offensiva federalista che metterebbe a repentaglio le sovranità di tutti gli stati membri, risucchiando molte libertà».

L'articolo emerge in un momento delicatissimo. Sono i mesi della firma del trattato di Maastricht, pietra miliare dell'Ue di oggi, e alcuni Paesi organizzano dei referendum popolari per decidere se approvare questo nuovo passo verso un'Europa ancora più unita.

Nonostante all'epoca non ci fossero ancora Twitter, Facebook e tutti i portali virali di Internet, l'articolo di Johnson arriva a Copenaghen.[6] Diventa, sorprendentemente, il vessillo di sovranisti ed euroscettici danesi dell'epoca, che addirittura ne stampano estratti su migliaia di volantini.

«Ecco che cosa dice la stampa inglese di questo accordo di Maastricht, leggete, leggete», «Così l'Europa vuole conquistarci», «Cambierà per sempre la nostra storia» eccetera.

A Copenaghen si diffonde il panico, come ricorda Charles Grant nel suo *Delors: Inside the House that Jacques Built*.[7] Nel Paese nordico, l'atmosfera è così tesa che, dopo l'articolo di Boris, addirittura il governo danese chiede ufficialmente spiegazioni a Delors. Minaccia di mettere il veto a un suo nuovo mandato alla presidenza della Commissione europea a meno che non faccia marcia indietro sulle «preoccupanti» idee federaliste citate da Johnson nel suo articolo. Delors, racconta Grant, «era così pallido in volto che sembrava aver appena ricevuto un elettroshock».[8]

Ovviamente non c'è controprova, ma, in base a queste premesse, l'allarmismo di Johnson ha avuto un impatto molto probabilmente decisivo sul referendum del 2 giugno 1992, perché quel giorno in Danimarca il No a Maastricht vince con il 50,7 per cento.

In Francia la spunta invece il Sì, ma solo con il 50,8 per cento. Qui, per la vastità del territorio ancora disconnesso dal web, si diffondono in maniera minore gli strali di Johnson.

Cavoli di Bruxelles

Pompare ogni giorno ansia eurofobica, ma con sorriso e humour di classe. Così Johnson è diventato un giornalista celebrato dai capi e odiatissimo dai colleghi a Bruxelles, costretti dai superiori a inseguire le sue mezze bufale sull'Europa pubblicate dal *Telegraph* e condannati a prendere sempre «buchi» da Boris, sia quando Johnson pubblicava con scaltrezza notizie vere sia quando, più spesso, le spacciava per tali.

Dalla curvatura delle banane imposta dall'Ue alla «guerra dell'Europa» a divinità alimentari del Regno Unito come le patatine al gusto *prawn cocktail*. L'euroscetticismo in Regno Unito ha una storia lunghissima, eterogenea e a tratti anche sorprendente, come vedremo in seguito. La Brexit tuttavia è stata forgiata negli ultimi decenni, giorno dopo giorno, anche da un uomo, dal suo architetto più influente, sconclusionato e divertente, Boris Johnson. Che, come diceva Oscar Wilde, «tratta molto seriamente tutte le cose frivole e con sincera e studiata frivolezza tutte le cose serie della vita».

Ma Boris voleva davvero diventare il paladino dell'euroscetticismo continentale? Oppure era solo un gioco che, come spesso accaduto nella sua vita, gli è sfuggito di mano, diventando un moloch incontrollabile? Il personaggio in cerca d'autore si è impossessato dell'autore?

17 luglio 2019. Durante un comizio itinerante (in gergo «hustings») delle «primarie» del partito conservatore i cui iscritti (lo 0,4 per cento della popolazione) lo hanno poi eletto a capo del partito e soprattutto premier britannico, Boris Johnson ne combina un'altra delle sue.

Dal palco, in una delle sceneggiate adorate dai suoi fan, sventola un'aringa affumicata e confezionata. Urla alla folla: «Ecco, questa aringa secondo i burocrati di Bruxelles deve essere incartata con una borsa del ghiaccio. Che cosa costosa, inquinante e inutile! Ecco la follia dell'Unione Europea!».[9]

Peccato che la legge citata da Johnson non fosse dell'odiata Ue, ma britannica.

Una gaffe colossale. Ma non importa. Perché la fortuna di Johnson è sorta proprio dalle sue, spesso volontarie, gaffe a danno dell'Europa.

Molti anni prima, per esempio, sempre da corrispondente da Bruxelles, aveva scritto che l'Ue voleva impedire a Londra di riciclare le bustine di tè usate. Ovviamente non era vero.

Boris Johnson, dopo una breve e scomoda parentesi nella finanza della City, costruisce la sua carriera, prima giornalistica e poi politica, fabbricando bufale o esagerazioni contro l'Europa e Bruxelles, dopo un vergognoso licenziamento dal *Times* per una fake news su una fantomatica relazione gay di Edoardo II. Nella circostanza – è il 1988 – si inventa[10] persino le dichiarazioni del suo padrino accademico e storico a Oxford, Colin Lucas, che si lamenterà con il suo direttore, scatenandone la furia.

Dopo quel vergognoso flop, nel ligio Regno Unito la carriera di chiunque altro sarebbe fallita sul nascere. Ma Boris ha un padre influente, e soprattutto all'Università è riuscito a diventare presidente della gloriosa Oxford Union («il bastione occidentale della libertà di parola», autodefinizione), germogliando molti e influenti contatti. Così telefona all'allora direttore del *Telegraph*, Max Hastings, uno dei suoi primi invitati a parlare alla Union: «Max, vorrei lavorare per te... se potessi darmi una mano...». Hastings lo «adotta» e poi, nel 1989, lo invia a Bruxelles come corrispondente, a soli 25 anni.

Se in quegli anni lo adorerà per l'incremento delle vendite e la visibilità regalata dagli avventurosi sensazionalismi di Boris, oggi Hastings detesta Boris. Nel tempo, è rimasto profondamente deluso dal suo «arrivismo», dalla «cialtroneria», dalla sua «inadeguatezza». Regolarmente Hastings pubblica articoli sulla stampa britannica in cui dilania l'immagine e la reputazione di Johnson, secondo lui «infimo» e «moralmente corrotto», che farebbe «qualsiasi cosa pur di ottenere i suoi egoistici obiettivi», uno che «pensa di somigliare a Churchill e invece è un comico di second'ordine». «Sarebbe stato meglio per tutti» aggiunge Hastings in una delle sue tante sciabolate di veleno, «che i Johnson si fossero dedicati allo spettacolo, come i fratelli Marx».[11]

Allo stesso modo, Boris Johnson odia, probabilmente ancora oggi, Bruxelles, dove suo padre Stanley negli anni Settanta trapianta la famiglia prima da diplomatico britannico e poi da parlamentare Ue. Il piccolo Johnson non la sopporta, a maggior ragione quando la madre Charlotte va in depressione, prima del divorzio da Stanley.

Ma qui inizia a scalpitare la leggenda di Boris: inizia a farsi chiamare solo col nome di battesimo («Uhm... Boris, please») e tutti accettano. Fatto singolare nella politica della formalissima Inghilterra.

La corrispondenza assegnatagli dal *Telegraph* è in un posto teoricamente «noioso». Ma il suo brio, la scrittura mai banale e la sua affamata fantasia capovolgono ogni convenzione. Bruxelles diventa improvvisamente frizzante come l'amato champagne, che però beve con molta parsimonia.

In questo Boris è molto diverso dal padre, come racconta Sonia Purnell nella sua straordinaria biografia *Just Boris*[12], densa di preziosissimi dettagli. Boris non esagera con l'alcol, anzi ne è spesso rifuggito, anche all'università. Non gli piace ubriacarsi o andare al pub come la stragrande maggioranza degli inglesi. In fin dei conti, non gli piace la convivialità. Non gli piacciono gli amici, anche se frequentemente si rivolge al pubblico con «my friends», come suggeriva di fare Abraham Lincoln. Nonostante l'apparenza puerile e buontempona, Johnson è sempre stato un personaggio decisamente riservato, a tratti chiuso in se stesso. Vive un mondo tutto suo, disordinato, confuso e spesso criptico.

Ma se i maschi li tiene a distanza, Boris ama invece circondarsi di donne, come facevano il padre e Benjamin Disraeli, suo premier di riferimento insieme a un altro leader ex reietto e suo vero idolo: Winston Churchill, di cui ha scritto una entusiasmante biografia[13], in cui però a un certo punto i tedeschi conquistano Stalingrado. Come il padre, si è abbandonato nel tempo a battute sessuali e sessiste («Ho avuto così tante amanti che potrei non masturbarmi per vent'anni!»[14]) mentre la sua vita privata è affastellata di due matrimoni in pezzi, almeno cinque figli tra legittimi e non, e imprecisate amanti.

Il nome Boris lo scelse il padre, l'esuberante Stanley Johnson, che volle ringraziare così nel 1964 il suo compagno di scuola Boris Litwin che comprò a lui e alla moglie incinta Charlotte due biglietti aerei da Città del Messico a New York – dove all'epoca vivevano – risparmiando loro il bus sino alla frontiera: «Thank you, Boris! Se sarà maschio, lo chiamo come te».

Stanley Johnson non assistette al parto (preferì farsi una pizza), ma rispettò la promessa quando a New York (dopo aver fatto il poeta, lavorava lì per la famiglia Rockefeller) il 19 giugno 1964 nacque Alexander Boris de Pfeffel Johnson, primogenito pingue e già biondo platino, come il padre ma soprattutto come il trisavolo: il giornalista Ali Kemal Bey[15], ottomano, anglofilo e musulmano, come le donne velate che anni fa Boris offese con «sembrano una buca della cassetta della posta». Ma lui è così, è il suo stesso ossimoro, la sua anti-materia, sebbene sin dagli studi superiori fosse «convinto», raccontava preoccupato al padre il professore Martin Hammond, «di essere destinato a ottenere tutto ciò che voleva, senza guadagnarselo».[16]

A scuola, e poi nella vita, Boris arriva sempre in ritardo, è sciatto, arruffato, scapestrato, si rifiuta di imparare a memoria il *Riccardo III*[17] (pur amando i classici che studierà all'università): alle recite attacca le pagine del copione sulle colonne del palco. Si considera superiore agli altri e alle regole perché il suo «talento deve essere lasciato libero» (parole sue). Anche per questo il suo matrimonio con la seconda moglie, l'avvocatessa Marina Wheeler, funzionerà per tanti anni, perché darà sfogo alla sua entropia mentale e materiale, oltre che al suo stacanovismo estremo.

Con la prima moglie Allegra Mosty-Owen, invece, figlia dell'omonimo storico dell'arte britannico William e della scrittrice e giornalista italiana Gaia Servadio, le cose vanno presto male, nonostante si amino e siano «la coppia più bella di Oxford» (qualche invidioso li chiama «La bella e la bestia»[18]): una volta a Bruxelles, Johnson viene totalmente assorbito dal lavoro: la sua trascuratezza, sentimentale e materiale, diventa presto insopportabile agli occhi e al cuore di Allegra. «Cavolo... cavolo... è il suo compleanno e me lo sono dimenticato», era una frase ricorrente ascoltata dai suoi colleghi a Bruxelles. Ma pure al matrimonio, nel 1987, Boris è andato con un vestito da pezzente e dopo un'ora aveva già perso la fede nuziale.[19] Oggi invece è fidanzato con Carrie Symonds, ex capa delle comunicazioni del partito conservatore, determinata ambientalista e animalista. I due si sono fatti notare nel giugno 2019 per un furioso litigio nella casa di lei a Camberwell, Londra, apparentemente innescato da un bicchiere di vino rosso goffamente versato da Boris sul divano bianco di Carrie[20], che lo ha conseguentemente travolto di urla e improperi: «Togliti, vattene! Non hai cura delle cose, sei un viziato! Esci dalla mia casa!».

Ma, attenzione: Johnson è un giocoliere della sua immagine, solo apparentemente sciatta. I compagni di scuola ricordano ancora quando si spettinava appositamente prima di entrare in classe. Esalta la sua effervescente autoironia dopo le ricorrenti pause o gaffe verbali: «Boris» ha commentato l'amico-nemico ed ex ministro dell'Ambiente Michael Gove, «ha la capacità di perdere il filo come un bambino e poi, quando lo riprende, tutti sono felici per lui».

Nel frattempo ricama il gergo ricercato, nonostante il suo mediocre romanzo del 2004, *72 vergini*, su un attacco islamista a Westminster. Da adoratore di P.G. Wodehouse e dei classici latini e greci, mescola il lessico con tale maestria che anche i «bifolchi» vengono mesmerizzati dalle sue metafore e dal dileggio circense dei suoi avversari[21], in primis Corbyn, che è arrivato a chiamare in parlamento «pollastro marxista in sottana da donna».

Il Boris politico di oggi si è formato prima a Eton e poi a Oxford, dove insieme ad altri figli di papà (però lui ci è arrivato anche per merito) ha raffinato la sua irriducibile verve. Ma per capire davvero Boris bisogna andare più indietro negli anni, nel cuore della dinastia Johnson di colti bon vivant e bohémien: come racconta Sonia Purnell, la sua autoironia deriva da una sordità nei primi anni di vita; proprio dal padre viene aizzata la sua anima competitiva, tra lui e gli altri figli Rachel (giornalista anti-Brexit), Jo (parlamentare conservatore europeista) e Leo (presentatore radio), che un giorno spara (per sbaglio) alla pancia di Boris con un fucile a pompa.

Poi, negli anni Settanta, la depressione dell'artista Charlotte Johnson Wahl, l'amata «Mama» di Boris, da cui ha assorbito la sua passione per la pittura: «Mi piace... mi piace... dipingere modellini di autobus su delle casse vuote di vino» rivelerà in una surreale intervista a Ross Kempsell di Talk Radio nell'estate 2019.[22]

In ogni modo, lo intristisce il trasferimento a Bruxelles voluto dal padre, che di lì a poco divorzierà da Charlotte. «Da quel momento Boris diventa ufficialmente un maschio alfa» scrive Purnell.[23]

E decide di vendicarsi così: "L'Italia sconfitta nella lunghezza dei profilattici imposta dall'Ue". "Bruxelles impone quanto curve debbano essere le banane." Oppure: "La nuova norma dell'Europa che vuole vietarci le patatine al gusto di cocktail di gamberi", una delle dissacrazioni più gravi per l'orgogliosissimo popolo britannico, soprattutto sul cibo, a maggior ragione insalubre. Lo scriveva anche George Orwell: «La tradizione xenofoba inglese è più forte nelle classi popolari: la differenza nelle abitudini, soprattutto per quanto riguarda il cibo e la lingua, fa sì che la classe lavoratrice abbia sempre rapporti molto complicati con gli stranieri. Sul cibo gli inglesi sono estremamente conservatori».[24]

Lo scaltro Boris, genio della semplificazione e del semplicismo, sa bene di toccare un tasto dolentissimo dell'orgoglio britannico: «Raramente» ricorderà poi, «mi sono divertito così tanto componendo quell'inno all'odio dell'ultima infamia dell'Europa».²⁵ E poi: «Gli europei dicevano che le patatine al gusto di cocktail di scampi potevano causare iperattività nei bambini. Stupidaggini. Nella dieta di un bambino britannico, quelle patatine sono nutrienti».²⁶

Tra le altre fake news, oltre al piano di Delors «per comandare in Europa», "Il palazzo Berleymont [sede della Commissione Ue, N.d.R.] sarà fatto esplodere" (ma quando mai), "Il complotto tedesco contro il commissario britannico Ue" eccetera. Titoli accattivanti, storie spesso gonfiate, lettori e capi del suo *Daily Telegraph* entusiasti nonostante l'impenitente disorganizzazione di Boris e il suo viziaccio di mandare gli articoli in redazione sempre all'ultimo momento. Colleghi degli altri giornali infuriati dalle sue scorrettezze.

Johnson si vendica così dell'odiata Bruxelles, trasformandosi nel fustigatore dell'Europa e delle sue contraddizioni, ma spesso gonfiando notizie o seminando irresistibili fake news, come accadrà nella campagna per la Brexit nel 2016, quando per esempio millanterà i 350 milioni alla settimana in più alla sanità britannica una volta lasciata l'Europa o l'invasione di milioni di turchi a causa «dell'imminente adesione di Ankara in Ue».

Insomma, oltre a essere euroscettico, Boris Johnson in Europa ha lasciato un ricordo pessimo, che ne ha minato la credibilità, anche nei negoziati sulla Brexit in teoria prevista per il 31 ottobre, o successivamente in caso di nuovi rinvii. Se non ci fosse accordo tra Regno Unito ed Europa, Londra uscirebbe brutalmente dall'Ue con il *No Deal*, come ha spesso minacciato lo stesso Boris, innescando un processo dalle conseguenze economiche probabilmente pesantissime. Il tutto per la gioia di Donald Trump, impaziente di stringere un accordo commerciale con Londra favorevole agli Stati Uniti.

A Bruxelles, Boris guida un'Alfa Romeo rossa, veste calzoni bucati e puzzolenti come all'università, si autoinsulta nel suo ufficio per motivarsi, esala strafottenza e un francese volutamente storpiato alle conferenze stampa. I suoi colleghi corrispondenti rosicano terribilmente. Come ricorda il giornalista e scrittore irlandese Fintan O'Toole nel suo bellissimo saggio sul «masochismo della Brexit», *Heroic Failure*, quando nel 1994 Boris torna a Londra da vincitore, per entrare nella direzione del giornale e diventare editorialista principe del *Telegraph*, il collega James Landale del *Times* gli dedica una poesia storpiata da *Matilda* di Hilaire Belloc che inizia così: «Boris ha detto così tante terribili bugie che faceva venire un colpo a chi le leggeva, strofinandosi gli occhi....»[27].

Ma Alexander Boris de Pfeffel Johnson, anzi «Boris», la scampa sempre, come in passato quando si è abbandonato a offese razziste («I neri hanno sorrisi come angurie»), islamofobe («Le donne musulmane velate mi sembrano cassette della posta») o omofobe (chiamando gli omosessuali *bumboys*, ovvero «culattoni»). Oppure quando, in un'infamante intercettazione di circa trent'anni fa riesumata nell'estate del 2019 dal *Guardian*, fornisce l'indirizzo di casa di un collega giornalista a un suo torbido amico affinché quest'ultimo possa pestarlo a sangue[28] («Ma era uno scherzo!» dirà poi...). Oppure quando ammise di aver assunto cocaina da giovane, per poi rendersi conto della cavolata e scamparla così: «Mi ci sono avvicinato alla coca, ma poi ho starnutito. Sono sicuro che non ne sia salita nemmeno un po' nel naso».[29]

Tutte cose che avrebbero dilaniato la carriera di qualunque politico britannico. Ma Boris, anche grazie al suo passato a Oxford e alle influenti conoscenze, sa detonare ogni figuraccia – come quando è rimasto appeso come un salame a una corda mentre faceva campagna sospeso in aria per le Olimpiadi a Londra – e ogni scivolone con il suo irresistibile humour, un lessico pregiato e irriverente, l'auto-ironia falsamente timida e spietata. Perché poi, a sorpresa, affonda il colpo, sfruttando qualità spesso nascoste.

Quando torna da Bruxelles, la carriera è spianata, anche se, in una redazione, mostra tutti i suoi limiti: in plancia di comando al giornale fa spesso confusione e va nel panico, è totalmente alieno al lavoro di squadra, scrive sempre all'ultimo respiro prima di andare in stampa, è mal sopportato da molti. Con un simile comportamento anche a Downing Street, non c'è da stare molto sereni.

Ma i suoi articoli continuano a essere pungenti, esilaranti e irriverenti, inizia a scrivere anche per la testata sorella *Spectator* di cui diventa direttore qualche anno dopo, distinguendosi per un'intervista a Silvio Berlusconi.[30] Inoltre, le ripetute apparizioni in trasmissioni tv «pop», come nello storico programma satirico sulla Bbc *Have I got News for You*, ne lucidano l'innegabile carisma e lo elevano sempre più a una star mediatica.

E così, Boris decide di passare alla politica. Nel 1997 Nick Robinson, suo collega a Oxford e poi uno dei più importanti giornalisti britannici alla Bbc, gli chiede se vuole diventare deputato. Boris risponde: «Guarda, Nick, da giornalista non cambi niente. Quelli in parlamento, invece, quelli sì che cambiano le cose...».[31]

È deciso.

È fatta.

Grazie ai buoni rapporti con l'establishment conservatore ingraziato con i suoi provocatori pamphlet quotidiani da Bruxelles diventa prima parlamentare, poi vince la poltrona di sindaco di Londra con una gran campagna elettorale e un lavoro ben sopra la sufficienza (2008-2016), e infine al ministero degli Esteri, poi abbandonato nel luglio 2018 in polemica con la «linea troppo morbida» della sua precedessora Theresa May sulla Brexit. Che lui vuole completare a tutti i costi, anche uscendo pericolosamente senza accordo dall'Ue, come ha ripetuto ossessivamente.

Ma Boris è davvero un brexiter? Oppure lo è solo perché gli conviene?

Anatomia del potere di Boris

C'è chi giura che in fondo Boris sia sempre stato un brexiter. E che l'esperienza di Bruxelles abbia solo carburato questo suo volano euroscettico. La pensa così anche il suo sodale Michael Gove, il quale lo tradirà dopo il referendum del 2016 non sostenendo la sua candidatura a premier, bruciandolo: «È sempre stato un brexiter convinto».[32] Non solo. Johnson temeva e tuttora teme «sinceramente» – sostengono i suoi – che l'Unione Europea si sia spinta troppo oltre nel suo inarrestabile processo di integrazione, come ha sottolineato anche in quel decisivo discorso sul marciapiede di casa del 21 febbraio 2016.

Contemporaneamente, lo stesso Tim Shipman fa notare

nella sua monumentale opera come Johnson, in realtà, fino a quel momento non avesse mai invocato esplicitamente l'uscita dall'Ue, né nei milioni di parole dei suoi articoli del lunedì sul *Telegraph* né nei discorsi pubblici[33], nonostante critiche mai velate.

Non solo. Dopo la salace esperienza di corrispondente a Bruxelles, una volta diventato sindaco di Londra, Johnson ha mostrato il suo lato più internazionalista, aperturista, global, come del resto è la storia della sua famiglia. C'è chi, in primis David Cameron, dice che senza il primo passo di Gove nell'ignoto della Brexit Boris non avrebbe mai avuto il coraggio di fare lo stesso.

Inoltre, a un certo punto, Johnson sposa la teoria di un doppio referendum, come il suo futuro, tenebroso «Rasputin» Dominic Cummings[34], con una strategia precisa: spaventare l'Europa vincendo un primo referendum per l'uscita, mettere le autorità europee con le spalle al muro, negoziare una buona riforma dei trattati e tornare in Ue con una seconda consultazione popolare.[35]

E poi, certo, la carriera.

Cameron, il premier tradito sulla Brexit prima da Gove e a rimorchio da Johnson con quella citazione di Rudyard Kipling, nella sua ultima biografia *For The Record*, fa a pezzi Boris. Per lui è «un bugiardo» che ha venduto l'anima alla Brexit «soltanto per fare carriera, diffondendo bugie islamofobe, come la fantomatica invasione della Turchia futuro membro Ue»[36] e il bus itinerante con la citata balla dei 350 milioni in più alla settimana alla sanità britannica grazie all'uscita dall'Ue.

Cameron e Johnson, nel profondo, si sono sempre

odiati, sin da quando facevano parte del famigerato e scalmanato «Bullingdon Club» a Oxford. Come in un remake di *Brideshead Revisited* di Evelyn Waugh. Se David non ha mai sopportato i modi di fare di Boris, Johnson rimprovera a Cameron lo snobismo più altolocato del suo. E poi non gli ha mai perdonato che, a differenza sua, Cameron sia uscito da Oxford con il massimo dei voti. Per questo, Boris ancora oggi sprizza invidia, chiamandolo «femminuccia secchiona» persino nei documenti interni di Downing Street.[37]

È chiaro che la brama di arrivare a Downing Street, lui, Boris – che sin da bambino biondissimo e paffutello diceva di voler diventare «il re del mondo» – ha profondamente influito sulla sua decisione finale. Ma è anche vero che c'erano altre strade per entrare da quella porta nera col numero 10, tra cui mostrare fedeltà al premier Cameron. Dopo l'esperienza di sindaco di Londra si dice che, se gli si fosse stato offerto un ministero importante, lui non si sarebbe votato alla Brexit.

Ma anche in questo caso, Boris sapeva che un tale incarico sarebbe arrivato comunque a breve. Del resto, è il primo premier, dopo William Ewart Gladstone e circa 140 anni di storia britannica, ad arrivare a Downing Street da *backbencher*, ossia da parlamentare semplice.

C'è un aspetto che potrebbe essere decisivo. In uno dei suoi retroscena, Shipman racconta come nel 2015 Boris abbia espressamente chiesto a Cameron di metterlo a capo dei negoziati con l'Ue per ottenere riforme e sedare la rivolta euroscettica all'interno del partito conservatore.[38] Insomma, ciò che dopo la sua elezione a Downing Street ha promesso di fare con Bruxelles per ottenere un nuovo accordo sulla Brexit.

La sua richiesta sembra genuina. In quel momento, Boris voleva davvero avere un ruolo di mediazione per cercare di riformare il rapporto del Regno Unito con l'Europa. Oppure era solo un'altra opportunità per umiliare ancora una volta Bruxelles?

Johnson non lo ha mai spiegato, ma in ogni caso, per il suo esplosivo curriculum, l'incarico non gli viene accordato dal governo Cameron.

Non sapremo mai come sarebbe andata a finire, in caso contrario. Ma forse quell'orgoglio ferito ha contato qualcosa a posteriori. Perché «Boris», come ha detto l'amico-nemico Michael Gove, «è come Winston Churchill. Vuole e deve essere al centro dell'azione».[39] E poi ama la vendetta, fredda: per sua sorella Rachel, «Boris è un siciliano, come tutti i Johnson».[40]

Johnson sa e sapeva bene che la sua scelta sulla Brexit sarebbe stata molto probabilmente decisiva nel referendum, al di là di rischi e danni collaterali. Nel 2016 era già considerato ampiamente il politico più popolare nel Regno Unito, davanti al leader laburista Jeremy Corbyn, a Cameron e all'euroscettico Farage.

Dopo la scelta di Boris pro Brexit, Andrew Cooper, il sondaggista principe della campagna pro Ue, si è subito accorto che molti voti si stavano spostando.[41] Il *Leave* aveva ereditato due volti rispettabili. E decisivi: Boris Johnson e Michael Gove.

Di sicuro, come in molte circostanze della sua vita, anche stavolta l'istinto ha giocato un ruolo cruciale per Boris. Ha sentito che sarebbe stata la cosa giusta. E l'ha fatta, nonostante il parere contrario del padre Stanley.

Il tempo ci dirà che cosa farà da grande Boris Johnson.

Se sarà un nuovo Churchill, con quella retorica bellica che tanto adora, se diventerà un populista distruttivo che storcerà le fondamenta e la «costituzione» della democrazia britannica ignorando il parlamento e le leggi anti *No Deal*.

Se sarà solo un altro clown della politica, come lo ha ritratto l'*Economist* poco prima che prendesse il potere.

O se sarà davvero l'araldo di una nuova «età dell'oro per il Regno Unito destinata a raggiungere il pieno fulgore intorno all'anno 2050», come esposto nel discorso inaugurale in parlamento a fine luglio 2019 parafrasando l'Atene di Pericle, l'artefice dell'età dell'oro ateniese nel quarto secolo avanti Cristo di cui si è fatto portare un busto a Downing Street, come ha scritto Enrico Franceschini.[42] Di sicuro, Johnson ha perso i primi sei voti, su sei, alla Camera dei Comuni. Un flop di tali proporzioni non era mai capitato prima a nessun premier britannico.

Ma, comunque andrà a finire, Boris lascerà un segno indelebile, profondo, irreversibile nella storia britannica ed europea.

Deciderà lui come.

2
La dinastia (europeista) dei Johnson

Quando entra nel ristorante, a Covent Garden, e mi urla in italiano: «Buongioooooorno!», sembra la copia di Boris Johnson tra una trentina d'anni. Un ritratto dell'artista da vecchio. Stessa zazzera, stessi occhi celesti, stessa autostima, stessa camminata, stessa pronuncia di «fantaaastic», stessa passione per i classici. C'è chi dice stessa passione per le donne.

Stanley Johnson, 78 anni e padre di Boris, è il capostipite di una «dinastia» unica: dei quattro figli dal primo matrimonio con l'artista Charlotte Fawcett, Boris è diventato premier il 24 luglio, Jo è deputato conservatore, Rachel è giornalista già candidata alle Europee, e poi c'è Leo che fa il presentatore.

A Londra, a poco a poco, ho conosciuto e intervistato per *Repubblica* buona parte della famiglia, a parte Leo, che sta sempre un po' sulle sue e rifugge la politica. I Johnson sono un po' come i primi Kennedy in America, solo che al posto della tragicità hanno una sorta di tragicomicità, tra la famiglia Winshaw di Jonathan Coe e le gaffe di Benny Hill.

Quando sono andato a pranzo per la prima volta con Jo, nel marzo 2019, ho subito avuto l'impressione di trovarmi di fronte la nemesi di Boris. I capelli biondissimi e gli occhi chiari sono esattamente gli stessi, anche il naso curvo diffuso dal «boss» Stanley, hanno fatto persino lo stesso lavoro, cioè corrispondenti da Bruxelles (Jo per il *Financial Times* e Boris per il *Daily Telegraph*). Ma Jo, 47 anni, terzo figlio di Stanley e Charlotte, ha un volto e uno sguardo ceramici, alla William Blake e, rispetto a Boris, vanta un'eccelsa leggiadria, voce e modi delicati, un linguaggio essenziale e misurato.

Come gli altri, gelosissimi custodi della propria famiglia, quando si tratta di parlare dei genitori o dei fratelli, Jo è estremamente reticente, anche se lui lo manifesta in maniera particolare, con una caduca gentilezza da giovane Törless. Quando però ci siamo incontrati in un lussuoso albergo vicino alla Camera di Comuni, ha ammesso una cosa: «La Brexit mi ha fatto ribellare per la prima volta nella mia vita».

Jo si riferisce al novembre 2018, quando si è dimesso dal governo di Theresa May perché, pur europeista convinto («L'Ue non ci è mai stata ostile, anzi, eravamo nelle condizioni perfette per rimanere» sottolineò), quell'accordo dell'allora premier per lui era assolutamente sconclusionato, da ogni punto di vista: «È peggio della Crisi di Suez» mi disse.

Ma la Brexit è così pestifera che ha fatto ribellare Jo addirittura una seconda volta. Stavolta contro il fratellone Boris.

Il 5 settembre 2019, Jo annuncia sorprendentemente su

Twitter che: «È stato un onore rappresentare la circoscrizione di Orpington per nove anni e servire come ministro sotto tre premier. Ma nelle ultime settimane sono stato diviso tra la lealtà alla famiglia e l'interesse nazionale: è una tensione irrisolvibile ed è tempo che altri assumano i miei ruoli di deputato e vice ministro».

Incredibile. Jo si ribella, in pubblico, al fratello Boris e alla sua linea dura sulla Brexit – incluso il corteggiamento col pericolosissimo *No Deal* all'orizzonte del 31 ottobre. Una decisione così clamorosa che da Downing Street assicurano di non saperne nulla, almeno fino a quel tweet esplosivo.

Non si è mai capito se Jo abbia avvertito Boris prima di premere «invia». Corre voce che dopo l'addio del fratellino il premier si sia messo a piangere.

Per far capire la portata della ribellione familiare, a novembre Jo mi aveva detto, quasi profeticamente: «Credo che Boris sia un leader molto affascinante. Ha sempre incarnato l'ottimismo, trasmettendolo alle persone. Dopo due anni e mezzo in cui al Paese sono mancate leadership e carisma, avremmo proprio bisogno di uno come lui». E infine: «Ovviamente abbiamo idee diverse. Ma ci parliamo ogni giorno, rispettandoci. E, sì, litighiamo sulla Brexit, che però non ci ha mai divisi, né noi, da buoni fratelli, né la nostra famiglia».

A Londra, c'è chi dice che in realtà la vera responsabile della rottura tra Boris e Jo sia la moglie di quest'ultimo, Amelia Gentleman, giornalista del *Guardian* e cognata di Boris, che non gli ha mai perdonato il suo sfarfalleggio intorno all'attuale «first fidanzata» Carrie Symonds, mentre la seconda moglie Marina, grande amica di Amelia, stava combattendo contro un cancro alle ovaie.

Poi c'è Rachel, la seconda figlia di Stanley e Charlotte, bionda e naso grosso come tutti i Johnson, forse la più spigliata ed estroversa della famiglia, dopo il padre ovviamente, con il quale condivide pure la partecipazione a un reality show.

Rachel, giornalista e attivista, ha da sempre un gran bel rapporto con Boris, sin da quando giocavano insieme da piccoli. Non a caso, in quel fatidico weekend della scelta sulla Brexit, Boris è andato nella casa di campagna di lei a giocare a tennis. Ma allo stesso tempo Rachel è un'europeista ultra-convinta, tanto che il 15 febbraio 2019 si è tolta il reggiseno in diretta su Sky News[1] per chiedere un secondo referendum sulla Brexit, e poi alle Europee del 2019 si è candidata – senza successo – con il neonato partito pro-Ue *Change Uk*, formato da nove fuoriusciti eurofili dai partiti conservatore e laburista.

E poi, infine, c'è il quarto figlio di Stanley e Charlotte, Leo. Riservato e un po' taciturno, giornalista e imprenditore, l'unico della famiglia Johnson che non ha fatto politica.

Tutti e quattro hanno studiato nell'élitaria scuola di Eton e poi a Oxford, come voleva fortemente papà.

Metti un giorno a pranzo con Stanley

Stanley Johnson è stato uno dei primi deputati europei britannici, suo nonno era ministro ottomano, e poi ha svolto lavori alla Banca Mondiale, alla Fao, è stato poeta, scrittore di una decina di libri e romanzi, ha appena partecipato a un reality show, va matto per Instagram dove come un ragazzino posta continuamente foto delle sue avventure in giro per il mondo. È inarrestabile, altra somiglianza con Boris. Chi lo conosce bene mi dice che «farebbe di tutto per un minuto in più di notorietà». Può essere, ma anche se questa cornice arrivista fosse veritiera, è un gentleman decisamente affabile, amabile e gentile. È un caro chiacchierone pantagruelico: potremmo restare a sparlare per ore e ore con l'avanzare dei bicchieri di Sauvignon Blanc che degusta con saporita passione. Solo quando si tratta della sua famiglia diventa ultra-protettivo. «Non posso parlare dei miei figli, se no si arrabbiano con me!» sbraita mentre assapora i calamari. «Parliamo dell'Italia!»

Be', Stanley, la prima moglie di Boris è mezza italiana. «Ma certo, Allegra Mostyn-Owen, che brava ragazza, molto simpatica. Anche sua madre, Gaia Servadio, una donna di gran carattere. Ma sa che un tempo avevo una casa in Maremma? A Campagnatico, Grosseto. Ma poi l'ho venduta, perché era troppo lontana dal mare, e ne ho comprata una in Grecia, sul mar Egeo. Essendo un classicista, Italia e Grecia sono le mie madrepatrie. A Roma ho vissuto in via Capo d'Africa quando lavoravo alla Fao. Ma già a 17 anni, ed era il 1959, vi trascorsi un mese a casa di mia zia, in piazza Mazzini. Che sogno...»

Eh già, anche Boris ha studiato i classici, a Oxford. «La mia famiglia ha avuto un'istruzione tipica inglese. Poi se uno è intelligente, studia i classici. Se sei molto intelligente, fai matematica.»

Però lei, Stanley, nelle sue mille metamorfosi, è stato anche un poeta da giovane. «Ah, il mio preferito è l'*Ulisse* di Alfred Tennyson. Meraviglioso, perché sono i consigli di un padre a suo figlio, Telemaco... Mi emoziono molto quando lo rileggo. Ma Boris ha tante altre qualità: è un gran giornalista, un bravissimo scrittore – la sua biografia su Churchill è *fantaaaastica* – e poi dipinge molto bene. Dovesse andar male, troverà sempre una strada...»

Faccio notare a Stanley, passato a degustare escargots con aglio, burro e prezzemolo, che però a Bruxelles Boris non ha lasciato un buon ricordo da giornalista. «Ma a Bruxelles era tutto così noioso, e così Boris ha detto: "Divertiamoci un po'". Molte persone non capiscono mio figlio e lo attaccano senza motivo.»

A Londra si dice che Stanley, solido europeista, nel febbraio 2016 si sia schierato contro la decisione di Boris di sposare la Brexit nella campagna del referendum. In questa circostanza non vuole commentare, ma più persone vicine alla famiglia riferiscono che secondo papà Stanley quella non era la strada migliore per il figlio per arrivare al potere, obiettivo familiare costante di questo arzillo 76enne che scrive romanzi rivelatori, come il suo ultimo *Kompromat* sulla Brexit, l'influenza della Russia e la geopolitica mondiale. Gira il mondo senza sosta, partecipa a dozzinali reality show e fa il sub nelle coste dell'Oceania. Secondo Stanley era troppo rischiosa la mossa del suo amato Boris: rischiava di bruciarsi. Invece il figlio, nonostante dubbi e tormenti, alla fine ha avuto ragione. Almeno inizialmente.

In ogni caso, se Boris è un brexiter, Stanley è un convinto europeista. «Assolutamente» replica, «sono stato eletto alla Commissione europea nel 1973, uno dei primi inglesi, che onore! A capo del Dipartimento per la prevenzione dell'inquinamento, e l'ecologia è una delle mie passioni! Sono stato decisamente fortunato, tutto era nato un anno prima quando il Consiglio europeo aveva approvato l'ingresso del Regno Unito nella Cee. A ogni modo, una delle persone che ha influenzato di più la mia vita è stato Altiero Spinelli, il padre fondatore dell'Europa, l'autore del manifesto di *Ventooooteeene*... fondammo il Crocodile Club e anche da lì prese forma l'Europa di oggi, dalle commissioni del parlamento europeo fino alle prime bozze di quelli che poi sarebbero stati i trattati comunitari fondamentali come quello di Maastricht e via dicendo. Quindi, devo ammettere che il mio ruolo in Europa e nell'evoluzione di quest'ultima è stato molto importante.»

Stanley professa di essere ancora un «grande appassionato del progetto europeo», ma ora il popolo britannico ha votato sulla Brexit e bisogna rispettare il suo verdetto. «Non è giusto trattare male i brexiter o chi ha sinceramente votato per uscire dall'Unione Europea. Io sono democratico fino alla fine.»

Ma, essendo uno storico europeista, non è un po' triste? «Certo che sono triste!» replica lui. «L'Unione Europea non ha fatto nulla di sbagliato, abbiamo fatto un sacco di cose belle insieme e su alcuni temi, come l'ambiente cui tengo moltissimo, è straordinaria. Ma i britannici hanno deciso di riprendersi una certa indipendenza dopo un tira molla lungo decenni, basti pensare alla Thatcher, al suo discorso di Bruges e alla sua celebre frase al palazzo Berlaymont di

Bruxelles: "Ridateci i soldi", riferito alle autorità europee. La stessa Thatcher che poi però acconsentì al Mercato unico europeo... ma è andata in questo modo e quindi va bene così. La sfida cruciale adesso è mantenere quanto più possibile i legami con l'Ue: schiacciarci sull'America di Trump può essere molto pericoloso, soprattutto per quanto riguarda l'ambiente e l'import di alcuni alimenti [come il pollo al cloro degli Usa, N.d.R.]. Questo sarebbe catastrofico e mi preoccupa molto, moltissimo.»

Secondo Stanley, suo figlio Boris vive in maniera rilassata la premiership, nonostante le enormi pressioni e la responsabilità della Brexit: «È una grande sfida, ma lui è cresciuto in una fattoria, quindi è abituato... Boris è convinto di uscire dall'Ue il 31 ottobre, pure senza accordo, anche perché quello firmato da Theresa May non va, è stato rifiutato addirittura tre volte dal parlamento britannico, stop. Quindi certo che potremmo andare dritti verso una *hard Brexit*, se l'Ue non ci viene incontro. E su questo condivido l'ottimismo di mio figlio: ci siamo risollevati negli anni Quaranta, che cosa sono due punti di Pil in meno al confronto?».

Stanley si dice orgoglioso di Boris, anche se «è un momento agrodolce per me. Sarei più felice se fossi padre del leader di un Regno Unito ancora in Ue. A meno che Boris non dica: "Scusate, la Brexit non siamo riusciti a realizzarla, ora rimaniamo in Europa!". Chi lo sa...».

Stanley scoppia a ridere. Si gusta il suo amato bicchiere di Sauvignon e continua a ridacchiare tra i suoi denti bianchissimi. In questa eccitante e imperscrutabile ilarità c'è tutta la dinastia Johnson. E la loro assoluta imprevedibilità.

3
Viaggio lungo il confine irlandese di nuovo in bilico

David Crockett, 59 anni, ha sempre vissuto qui, in questo incrocio che aggroviglia i destini dell'Irlanda. La sua fattoria, poco fuori da Londonderry – o Derry, come la chiamano i repubblicani e i filoirlandesi – è difatti al 60 per cento in Irlanda del Nord, nella località di Cosquin, e al 40 nella Repubblica d'Irlanda, nella contea Donegal: «Mio nonno comprò queste terre nel 1910» mi racconta Crockett dopo avermi fatto accomodare nel soggiorno con una *bow window* vista confine, tra le verdi e fresche colline, «all'epoca erano parte del Regno Unito, poi nel 1922 sono state divise dalla frontiera. Allora, proprio come adesso con la Brexit, nessuno sapeva che cosa sarebbe successo. Poi il confine è comparso da un giorno all'altro, e per noi che viviamo qui è sempre stato un grosso casino: ogni volta che dovevamo trasportare qualcosa, dai mezzi ai nostri prodotti, dovevamo sempre passare la dogana, perdendo tempo e denaro. Spero tanto che non tornino i checkpoint...».

«La svolta» continua l'affabile agricoltore con il suo

inconfondibile accento nordirlandese, stretto ma musicale, agitando le grosse e lisce mani, «è stata quando Regno Unito e Irlanda sono entrati in Europa. Magari rimanessimo in Ue, ora l'Irlanda è unita, ma è unita in Europa... una frontiera qui non conviene a nessuno».

Crockett dice di aver previsto la Brexit dopo un viaggio nel Nord dell'Inghilterra qualche mese prima del referendum del 23 giugno 2016: «Sono tornato e ho detto a mio padre: "Papà, gli inglesi vogliono uscire dall'Ue". Allora lui, e aveva 94 anni, è voluto andare a tutti i costi a votare contro la Brexit al referendum, nonostante stesse molto male, in sedia a rotelle. Purtroppo non è servito a nulla. Ma mio padre, come me del resto, sapeva molto bene la differenza tra essere in Europa ed esserne fuori, soprattutto per noi che abbiamo vissuto tutta la nostra vita al confine tra le due Irlande. Conosciamo molto bene la differenza. È per questo che, almeno personalmente, non conosco nessuno qui intorno che abbia votato per la Brexit».

Ovviamente Crockett, in un crocevia tra cattolici e protestanti, tra irlandesi e nordirlandesi, ha vissuto ogni giorno, con i suoi occhi, la guerra civile sull'isola, i cosiddetti *Troubles* («disordini», come li chiamava Londra) che hanno avuto il picco tra gli anni Settanta e Ottanta, provocando oltre tremila morti. Scatenatisi alla fine degli anni Sessanta contro la discriminazione subita dai cattolici al Nord e dall'imperitura voglia di un'Irlanda unita dei nazionalisti del sud, hanno visto decenni di attacchi (il 56 per cento per mano dei terroristi repubblicani dell'Ira, il 39 organizzati da forze militari e paramilitari nordirlandesi e britanniche), autobombe, imboscate, esecuzioni. E poi il «sangue cattivo» come direbbe lo scrittore irlandese Colm Toíbín che ha scritto un libro bellissimo[1] su questo conflitto «in bilico» tra due Paesi.

Il dito del signor Crockett, sempre attraverso la finestra, stavolta indica un punto tra le colline e la strada, dove anche la sua terra ha assorbito il sangue dell'atroce conflitto terminato, almeno ufficialmente, con gli Accordi del Venerdì Santo del 10 aprile 1998.

«Guardi, lì, dove ci sono quei casolari» esclama David, «a inizio degli anni Novanta c'era un checkpoint di militari britannici: ci fu un'autobomba fortissima, uccise 6-7 soldati e l'esplosione si sentì fino a qui, in tutta casa. Il nostro tetto venne danneggiato, le porte sradicate».

Il 24 ottobre 1990 su Buncrana Road, a meno di un chilometro da qui, il quarantaduenne cuoco-fattorino Patsy Gillespie venne costretto dall'Ira a trasformarsi in una *proxy bomb*, o *human bomb*, e a guidare un furgone carico di esplosivo verso il checkpoint dei soldati britannici al confine. Una strategia spesso utilizzata dagli estremisti repubblicani. Oggi una targa ricorda Patsy, lungo la discesa. Ma nessuno può vederla o omaggiarla. Perché Buncrana Road è una strada ad alta velocità, le automobili sfrecciano rapidissime, a oltre cento chilometri orari, e attraversare la strada per leggere la placca annerita dedicata a Patsy è quasi impossibile.

La dannazione di (London)Derry

Ho sempre avuto l'impressione – confermata da alcuni, smentita da altri – che gli automobilisti al confine tra le due Irlande guidino più velocemente che all'interno dei due

Paesi. Un istinto ancestrale, di fuga da possibili guai, instillato dall'esperienza della guerra? Chissà. Di certo oggi (London)Derry è la località più afflitta dalle sanguinose scorie del passato dell'Irlanda, da quel brutale vento che ancora accarezza l'erba, come raccontava Ken Loach. Da una parte della città c'è il piccolo «ghetto» dei protestanti «The Fountain», con i marciapiedi colorati di Union Jack. Oltre la muraglia, invece, si atterra a Bogside, il celebre quartiere ultra-repubblicano con il suo omonimo irish pub, un tempo nido dell'Ira e luogo della strage del Bloody Sunday del 1972, con i virali graffiti «Free Derry» e Bobby Sands. In fondo, si scivola verso il serpentino Ponte della Pace, costruito sul fiume Foyle nel 2011 proprio per unire l'area Cityside della città (a maggioranza cattolica) con la protestante Waterside. Trent'anni prima, lo scrittore americano Paul Theroux lesse sull'unico ponte in piedi a Derry da una parte *Fuck the Pope*, «Fanculo il papa», dall'altra *Fuck the Queen*, «Fanculo la regina».

Non è un caso che a Londonderry, e non a Belfast dove pur permane in piedi l'ultimo muro d'Europa raccontato su *Repubblica* da Enrico Franceschini[2], ci siano stati i più gravi, inquietanti episodi di violenza degli ultimi mesi. Le ferite del passato non sono affatto sanate. L'ultimo, il più drammatico, è stato l'omicidio della giovane giornalista nordirlandese Lyra McKee, 29 anni, freddata il 18 aprile 2019 da un colpo di pistola[3] sparato da un uomo mascherato durante una retata della polizia a Creggan, altro quartiere ultrarepubblicano di Londonderry. Sino a quando questo libro è andato in stampa, l'assassino, molto probabilmente un giovanissimo dissidente appartenente al gruppo estremista Nuova Ira, non era stato ancora catturato, anche perché difeso da un altro muro, quello di omertà, tipico di queste parti.

Il 19 gennaio 2019, invece, sempre in questa angariata città, c'è stato un altro episodio inquietante: un'autobomba davanti al palazzo di Giustizia nella centralissima Bishop Street. Era sabato sera, tanti giovani erano in giro. Insomma, una strage sfiorata.

Qualche giorno dopo passo sul vialone in discesa di Bishop Street, forse la strada più bella di una Londonderry che in altri quartieri sembra quasi in guerra. Poco dopo il luogo dell'attentato, fortunatamente senza vittime, c'è un locale con paia di scarpe sparse un po' ovunque. Ma non è un negozio. Tutte le scarpe sono appoggiate a terra, ognuna con un legaccio e una foto: sono le vittime dei *Troubles*, da una parte e dall'altra della barricata confessionale, e l'associazione Set the Truth Free chiede la verità ai governi di Belfast e Dublino. Anche in questo caso, come in quello della povera Lyra McKee, molte famiglie non sanno come e chi ha ucciso i loro cari.

All'epoca, ho incontrato una delle giornaliste più famose di Derry, Leona O'Neill, testimone tra l'altro dell'omicidio di Lyra McKee in quella tragica notte, mentre stava coprendo per il *Belfast Telegraph* quella retata della polizia finita malissimo. Secondo lei, «l'attentato non è un messaggio esplosivo contro la Brexit. Ma da un paio di anni stanno ricrescendo l'odio e la violenza settaria in città. Senza dubbio. Gli estremisti cattolici e protestanti stanno alzando sempre più il tiro, in strada e sui social network, anche se non ne sentite parlare. Sempre più giovani si arruolano in questi corpuscoli che si rifanno all'Ira e altre formazioni estremiste unioniste. L'incertezza della Brexit aggrava questa situazione».

In un caffè vicino al ponte della Pace, invece, Darach MacDonald, giornalista e autore dell'interessante *Hard Border*[4], saggio sulle immature radici di questa pace, dice che «la Brexit ha distrutto la percezione di convivenza delle due comunità», nonostante il processo di pace e gli Accordi del Venerdì Santo del 1998 siano per tutti un eccellente esempio di riconciliazione.

Darach e David Crockett sono state tra le prime persone che ho incontrato nel febbraio 2019, quando ho affittato un Suv a Londonderry e percorso in macchina, per un reportage per *Repubblica*[5], tutti i 499 chilometri di confine tra Irlanda e Irlanda del Nord, lungo questa sanguinosa arteria della storia recente che ora rischia di riesplodere. Un viaggio a un secolo esatto dalla Guerra d'Indipendenza irlandese scatenatasi contro Londra nell'inverno del 1919 e terminata due anni dopo con la creazione proprio dell'attuale confine tra la Gran Bretagna e la neonata Repubblica d'Irlanda.

La linea rossa della Brexit

L'obiettivo di questo mio viaggio era principalmente uno: incontrare quante più persone, lavoratori, giovani, vecchi, testimoni, proprio lungo il confine irlandese, il delicatissimo nodo gordiano di questa estenuante Brexit, e raccontare le ansie, le paure, il terrore, ma anche le speranze e la fiducia della vita di frontiera così lontana dalle stanze del potere di Westminster dove i politici e a volte, per riflesso pavloviano, anche noi giornalisti parlamentari a Londra abbiamo una visione molto limitata di questa drammatica vicenda mai del tutto risolta. Un nodo che tuttavia negli ultimi tempi, con crescenti e assordanti sirene del *No Deal*, sempre più persone, che ignorano la fragilità della pace lungo il confine, ora vorrebbero tranciare di netto, con tutte le conseguenze potenzialmente gravissime, che ciò potrebbe comportare sull'isola di Irlanda: aumento delle tensioni tra le comunità cattoliche e protestanti, soprattutto tra i «ghetti» di Londonderry e Belfast, rischio di nuovi scontri, fino all'indicibile ritorno della guerra civile.

Il nodo verrebbe tranciato di netto se, a causa della Brexit e a maggior ragione in caso del *No Deal*, tornasse un confine, che sia soft o che sia duro, tra la britannica Irlanda del Nord e la Repubblica d'Irlanda. Come diceva Crockett, la situazione da queste parti è iniziata a migliorare non tanto dagli Accordi del Venerdì Santo – che hanno sancito una storica ma tuttora fragile pace – quanto dall'ingresso del Regno Unito nella Comunità Europea e successivamente nel mercato unico Ue dagli anni Settanta in poi, come vedremo successivamente.

Questa armonia commerciale fu il primo, indispensabile terreno fertile della pace politica avvenuta due decenni dopo. Perché pian piano dogane e posti di frontiera iniziarono a scomparire, cattolici e protestanti si incontrarono e si mescolarono sempre di più, e poi venne in automatico tutto il resto: pace politica dopo drammatici negoziati con protagonisti l'allora premier britannico Tony Blair e l'Unione Europea, un governo «multi-confessionale» in Irlanda del Nord che spartisse equamente le sue cariche tra unionisti britannici e repubblicani irlandesi, doppi passaporti di Belfast e Dublino per tutti i cittadini del nord o del sud, libera circolazione di persone, merci, lavoratori eccetera.

Alla fine, con gli Accordi di Pace del Venerdì Santo nel 1998 si è trovato un delicato, complicatissimo ma sinora provvidenziale ed estremamente benefico compromesso: in questo sistema aperto e confluente tra l'Irlanda del Nord e la repubblicana Irlanda, i protestanti si sentono comunque protetti dalla Corona che mantiene il suo «avamposto» a Belfast, mentre i cattolici e i repubblicani oramai viaggiano, studiano e lavorano liberamente sull'isola, che pare effettivamente unita come nei loro originari sogni indipendentisti.

Ora, questo fragile e pacifico status quo può drammaticamente frantumarsi a causa della Brexit. Perché uscendo dall'Ue, Londra dovrebbe teoricamente rinunciare a unione doganale e mercato unico che rendono «invisibile» il confine tra le due Irlande. Da Michael Collins a Bobby Sands, dagli attentati dell'Ira in Inghilterra al Bloody Sunday, da «Free Derry» all'ultimo muro ancora in piedi in Europa a Belfast, la questione irlandese è un argomento drammatico, sanguinoso, che ha interessato tantissimi europei e italiani negli anni. Le scorie, vivissime, di quel conflitto sono ancora oggi l'ostacolo principale dell'annosa Brexit.

Quando il Regno Unito uscirà dall'Unione Europea, necessariamente dovrà tornare un confine tra la britannica Irlanda del Nord e la meridionale Repubblica d'Irlanda, essendo l'unico confine terrestre tra i due Paesi, in modo da permettere il controllo delle merci, delle persone, di sicurezza, sanitari, fitosanitari, fiscali eccetera, perché dopo la Brexit Dublino e Belfast avranno due regimi commerciali e normativi totalmente diversi. Non solo: al di là della prioritaria conservazione della pace sull'isola irlandese, Dublino e l'Ue devono preservare il Mercato unico europeo, con tutte le sue regole e norme di prevenzione e qualità. Da qualche parte e in qualche modo, dopo la Brexit, una frontiera andrà messa. Ma dove? E come?

Checché ne dicano i brexiters, al momento non c'è alcuno strumento tecnologico che permetta di mantenere il confine fluido di oggi dopo la Brexit, senza checkpoint: per esempio, un camion carico di animali o di automobili proveniente dalla Gran Bretagna dovrà essere per forza di cose controllato dagli agenti di frontiera di Irlanda o Irlanda del Nord.

C'è poi un'altra criticità, unica in Europa: le due Irlande lungo i 499 chilometri di confine hanno 208 *border crossings*, cioè punti dove quest'ultimo può essere attraversato. Un numero colossale, che rende il controllo della frontiera estremamente macchinoso e complicato, come avevano già dimostrato i gruppi estremisti prima della pace degli anni Novanta. Per fare un paragone, tutta la frontiera orientale dell'Unione Europea ne ha «soltanto» centoventi lungo una «striscia» di oltre seimila chilometri.

Oggi non ci sono checkpoint né alcun tipo di controllo visibile tra i due Paesi: attualmente, l'unica differenza percepibile sono il cambio di limiti di velocità da chilometri a miglia e viceversa, i messaggini del roaming dei cellulari e l'utilizzo della lingua gaelica.

«Siamo pronti a tutto, anche ad abbattere fisicamente i checkpoint e le frontiere che verranno» mi dice Damian McGennity, che non è un paramilitare, né un membro della nuova Ira, ma un irlandese della classe media, 45 anni, quattro figli, impiegato all'ufficio postale e agricoltore.

Incontro Damian nell'ultima tappa del mio viaggio, a Ravensdale, in un albergo al confine, alla Junction 20 dell'autostrada nei pressi di Newry, all'estremità orientale del confine tra Irlanda e Irlanda del Nord. Qui la strada Dublin Road trapassa i suoi vecchi dolori, c'è ancora una rarissima «casetta» dei soldati britannici all'ex frontiera, anche se l'hanno goffamente ricoperta di pubblicità dopo aver provato a farne, senza successo, un centro artistico. Proprio qui, a metà gennaio del 2019, c'è stata una grande protesta degli abitanti locali «contro il nuovo muro» che potrebbe costruire la Brexit. Come Damian, si dicono pronti a tutto.

«Non torneremo mai al passato» giura McGennity, «non lo permetteremo: un confine qui stravolgerebbe le nostre vite e la nostra economia, e poi finalmente ci sentiamo in un'Irlanda unita: nonostante i due Stati, possiamo avere entrambi i passaporti, lavorare e vivere dove ci pare. Siamo in pace adesso, cambiare è inaccettabile, questo sarebbe il nostro muro di Berlino. Potrebbe tornare l'incubo della guerra dopo un processo di pace meraviglioso, non possiamo dare il fianco agli estremisti che non hanno sostegno nella nostra comunità ma che presto potrebbero tornare a colpire. Temo che l'Unione Europea non potrà aiutarci contro questo imminente disastro. Toccherà a noi difenderci».

Due giorni prima passo la notte a Belturbet, un ruvido paesino a metà del confine, in un B&B in un bosco tra

Irlanda del Nord e Irlanda. La mattina dopo, Carol, la donna sui sessanta che lo gestisce, mi esprime tutta la sua amarezza e la paura di tornare indietro di quarant'anni: «Non sappiamo che cosa accadrà, ma qui dietro una volta c'erano i checkpoint, e se dovesse ricomparire la frontiera sono sicura che ripartiranno gli attacchi».

Questa terra ne ha bevuto di «sangue cattivo», come scriveva Toíbín, e qui, soprattutto i più vecchi, nessuno se lo dimentica. Il 28 dicembre 1972, proprio a Belturbet, un'autobomba piazzata dai paramilitari nordirlandesi della Ulster Volunteer Force uccise due ragazzini della Repubblica: Patrick Stanley, sedici anni, che in una cabina telefonica stava dicendo alla madre che non sarebbe tornato a casa per cena, e Geraldine O'Reilly, un'altra teenager che stava andando a comprare un cartoccio di patatine fritte.

Bill, il marito di Carol, un omone gentile che esce dalla cucina dopo aver arrostito la pancetta, mi racconta che a inizio anno al loro B&B sono arrivati «due rappresentanti del governo inglese» e sono rimasti lì in campagna per una settimana: «Hanno fatto delle prove al confine con delle telecamere ultratecnologiche». Si tratta di una delle soluzioni alternative, ma che sinora sono ancora fantasiose e impraticabili, al cosiddetto *backstop*, cioè quel «regime speciale a oltranza» previsto nell'accordo stretto dall'ex premier britannica Theresa May e l'Unione Europea nel novembre 2018, qualora non si fosse trovato un accordo definitivo tra Ue e Uk sulla questione irlandese nei mesi immediatamente successivi alla Brexit, in modo da preservare la fluidità e l'invisibilità del confine irlandese e dunque la pace sull'isola.

In tal caso, in base allo schema del *backstop*, Belfast o in alternativa tutto il Regno Unito, rimarrebbero nell'unione doganale e in una sorta di Mercato unico europeo, allineandosi dunque alle regole Ue, in modo da evitare il ritorno di frontiere e checkpoint che potrebbero far alzare di nuovo la tensione nell'area tra cattolici e protestanti. Nel caso il *backstop* interessasse solo l'Irlanda del Nord, per preservare fluidità e invisibilità del confine irlandese, la frontiera per le merci e le persone potrebbe essere spostata nel Mar d'Irlanda, cioè tra Belfast e la Gran Bretagna, mettendo così a rischio l'unità del Regno Unito.

Il *backstop* è stata la condanna di May: i brexiter del suo partito temono che così si spacchi il Regno Unito perché l'Irlanda del Nord potrebbe avere un regime speciale per un tempo potenzialmente illimitato. Oppure, nel secondo caso, con un *backstop* per l'intero Regno Unito, il Paese potrebbe rimanere agganciato all'unione doganale potenzialmente per sempre, annullando di conseguenza la possibilità di stringere accordi commerciali con altri blocchi mondiali. E così i vari conservatori euroscettici come Jacob Rees-Moog, Steve Baker e lo stesso Boris Johnson (in due circostanze su tre) in parlamento a Londra hanno affossato senza pietà l'accordo raggiunto dalla premier con l'Unione Europea.

«*Verremo spazzati via?*»

E cosa ne pensa invece l'Irlanda del Nord? A un secolo dallo scoppio della guerra che provocò la prima indipendenza allo «Stato libero irlandese» e che ha delineato gli stessi confini di oggi, la maggioranza della popolazione (il 55,7 per cento) ha votato contro la Brexit. Le fratture emergono ancora più lampanti quando si analizzano i dati specifici: il 65 per cento degli unionisti e il 59 per cento dei protestanti ha votato per l'uscita dall'Ue, cosa che hanno fatto solo il 14 per cento del partito repubblicano Sinn Féin (ex braccio politico dell'Ira) e il 15 per cento dei cattolici.

Più in generale, c'è anche un enorme vuoto politico: da quasi tre anni l'esecutivo e il parlamento nordirlandese Stormont sono chiusi dopo le dimissioni da vicepremier di Martin McGuinness, poi morto nel marzo 2017 a 66 anni. McGuinness, un ex leader dell'Ira, aveva abbandonato il governo perché la «prima ministra» locale Arlene Foster, leader del partito unionista del Dup che fa da stampella a Theresa May a Westminster, non ha voluto farsi da parte su un'inchiesta di fondi pubblici. In base alla pace del Venerdì Santo, se la premier è unionista, il suo vice (che ha più o meno gli stessi poteri) deve essere nazionalista repubblicano, cioè di Sinn Féin. Quest'ultimo ha tenuto il punto sull'allontanamento, senza successo, di Foster. Perciò, Belfast è impantanata anche in questo preoccupante stallo politico interno, le cui conseguenze si appesantiscono, giorno dopo giorno.

Durante il mio viaggio lungo il confine irlandese iniziato a Londonderry, dopo aver incontrato David Crockett, ho guidato poco fuori la tormentata città, fino all'estremità nord dell'ex frontiera, a Muff. Qui sono andato a trovare

Áine Mullan, 41 anni, titolare del birrificio artigianale Boghopper. La sua piccola impresa è proprio sul confine, lungo un fiumiciattolo che sfocia nell'estuario Lough Foyle. Su questo piccolo ponte, Áine sta provando a non far morire la sua azienda già tormentata dalla Brexit: «Subito dopo il referendum la sterlina ha perso valore e in questa regione molte persone lavorano in Irlanda del Nord ma vivono qui in Donegal (Irlanda), i loro stipendi si sono ridotti anche del 10-15 per cento, devono pagare il mutuo in Irlanda in euro e magari risparmiano sulla birra. Se qui torna un *hard border* – e io lo ricordo bene negli anni Ottanta quando ero bambina – provocherà disagi e lunghe file di veicoli». Seppur gestisca solo una piccola impresa locale, una frontiera commerciale per Áine sarebbe un disastro: «Le bottiglie arrivano attraverso il Regno Unito, il materiale per impacchettarle pure. Anche se la maggior parte del luppolo proviene dagli Stati Uniti o dalla Nuova Zelanda, questo passa sempre per il Regno Unito, perché è la via delle nostre materie prime. Perciò la Brexit per noi può essere un problema in termine di costi, per non parlare delle implicazioni di eventuali dazi».

Le stesse preoccupazioni qui riguardano le piccole e grandi imprese. Il primo giorno di viaggio on the road lungo il confine irlandese continua a Strabane. Questa cittadina, diciottomila abitanti, nella contea nordirlandese di Tyrone, è stata la più martoriata dall'Ira durante i *Troubles*. Non a caso, durante gli anni Settanta e Ottanta, si è guadagnata l'atroce denominazione «città più bombardata d'Europa». Ci sono i murales sulle case come a Bogside, il quartiere ultrarepubblicano e irlandese di Derry, inneggiano all'Ira e ad Hamas. Strabane è a pochi metri dal confine, cioè dalla cittadina gemella di Lifford. In mezzo c'è un ponte e, superatolo, su una rotonda, un'installazione artistica di acciaio, «Let the dance begin». Su una targa sporcata dalla pioggia, dal fango e dai venti dell'imminente neve, si legge che «le sculture rappresentano le due ricche tradizioni e culture in Irlanda del Nord, sotto il tema principale della riconciliazione».

A Strabane oggi c'è il quartiere generale di O'Neills, famosa azienda di articoli sportivi irlandese che produce magliette per Gaelic Football e altri sport locali, praticamente da una parte e dall'altra del confine: «Bisogna arrivare a una soluzione» mi dice il patron Kieran Kennedy, quasi un eroe per irlandesi e nordirlandesi, per i posti di lavoro che ha creato dopo la catastrofe del conflitto civile: «Il *No Deal* sarebbe letale per tutti gli imprenditori, anche quelli grandi come noi: abbiamo una catena di produzione che attraversa il confine fino a otto volte per un singolo prodotto. Non possiamo permetterci ritardi al border, altrimenti salta tutta la catena. La tecnologia non può sostituire in alcun modo la frontiera, gli europei mi hanno assicurato che non tornerà, ma vedremo».

Passo la notte a Belleek, in un B&B proprio sul confine, diviso dal fiume Erne, che la mattina dopo splende di un azzurro limpido e pastello, tra le nuvole e i fiocchi di neve. È tarda sera: il pub della struttura, al piano terra, è ancora aperto, nonostante sia lunedì. Dietro il bancone c'è Rory, dall'altra parte un negoziante, Patrick O'Hara. Uno vive in

Irlanda del Nord, l'altro in Irlanda. Li separano soltanto cinquanta metri e una linea immaginaria. Rory, cattolico e molto avverso agli unionisti del Dup, che secondo lui stanno facendo di tutto per far tornare il confine, avverte che se mai accadesse una cosa del genere «ricominceranno i casini da queste parti». Patrick annuisce. Poi Rory osserva: «Tu lo chiami confine irlandese. Ma questo è un confine britannico, non irlandese. Perché lo hanno voluto i britannici».

Nevica su Belleek, nevica sulla grazia apparente di questo villaggio, anche sulla casetta bianca dove molti anni fa c'erano i soldati britannici, lì, al checkpoint, in una piccola e aguzza sommità sul fiume Erne. Da quella punta negli anni Ottanta partì un colpo dal fucile di un militare nervoso che ferì alla spalla un cliente del caffè Lemon Tree, poco prima del ponte, all'angolo del B&B. Belleek ha un'importante fabbrica di porcellane, pure sull'ex frontiera, in un palazzo principesco.

«Questa impresa» mi dice il direttore delle finanze Martin Sharky, «è qui dal 1857», cioè quando non era addirittura nata la Home Rule Association, ossia gli avi indipendentisti di Sinn Féin in Irlanda. La fabbrica di porcellana vive anche di importazioni (come le posate, che provengono da Oriente) e dunque «essere nel mercato unico dell'Ue» continua Sharky, «sinora ha aiutato moltissimo il nostro import e a farci abbattere diversi costi. Non sappiamo cosa accadrà con la Brexit. Nessuno lo sa. Ma certo il pericolo principale è un *hard border*, un confine duro. Non a caso nessuno qui sostiene gli unionisti nordirlandesi del Dup».

È il ridicolo destino della Brexit: un ritorno del confine potrebbe essere decretato da quelli che non ci vivono, così come i più anziani hanno deciso il futuro dei loro figli e nipoti.

Pettigo, il villaggio spaccato in due

Il giorno dopo, da Belleek riprendo il Suv e il mio viaggio lungo il confine irlandese. Servono una trentina di chilometri per arrivare a Pettigo, un villaggio di circa seicento abitanti spaccato in due dal confine, ovvero dal fiume Termon e dal ponticello che vi passa sopra.

Su Mill Street, dalla parte irlandese, ci sono molte case abbandonate, ma dall'altro lato si trova un centro commerciale piuttosto moderno.

Qui la vita si sta rinsecchendo, ma non la storia. Il primo edificio della parte nordirlandese è l'officina di Mervyn Johnston. Ottant'anni, protestante, ex pilota automobilistico, poi paramilitare dell'Ulster Defence Regiment negli anni Settanta e Ottanta, oggi meccanico: «Sono stati tempi drammatici, potevi essere ucciso o morire in un'esplosione in ogni istante, per fortuna sono vivo. Ma i locali della mia famiglia sono stati fatti saltare in aria con almeno quattro bombe incendiarie. Nell'officina dove siamo adesso c'era un ufficio postale: proprio qui è morto un uomo mentre provava ad azionare una bomba. Hanno sparato anche a me una volta: uno dell'Ira mi ha chiesto come mi chiamassi, ha cacciato la pistola e bum! Mi ha colpito solo al braccio, però. Sono stato fortunato, molti miei amici sono morti. Non sappiamo cosa accadrà adesso. Ma non torneremo a quell'inferno».

Dall'altra parte del ponte, il primo edificio è l'ufficio postale irlandese. Lo gestisce James, 75 anni, cattolico. Mi mostra alcuni moduli: «Le richieste di passaporto irlandese sono cresciute sei volte tanto dal 2016». Tutti in questo posto ricordano un episodio: nel dicembre del 1984, sul fiume Bannagh in Irlanda del Nord, ad appena dieci minuti di macchina da qui, un militante dell'Ira e un militare delle forze speciali britanniche Sas si ammazzarono a vicenda, mentre un altro estremista repubblicano affogava nelle acque del fiume provando a scappare.

Sempre nel piccolo villaggio di Pettigo, incontro poco dopo Malachy Dolan, un agricoltore cosmopolita che in passato ha vissuto ad Amsterdam, la città di sua moglie. Malachy è cattolico, vive a Garrison, in Irlanda del Nord, e ha una social farm proprio sul confine: un allevamento e un'agricoltura sociali, per unire le forze e condividere sforzi e raccolto. La comunità, da queste parti, è indispensabile e sentita. Malachy ci accompagna in auto verso il confine, che una volta era chiuso. E se qualcuno voleva attraversare la frontiera? «Bisognava fare tutto il giro intorno e andare a Pettigo.» C'era anche qui un avamposto dei britannici? «No, solo un grande muro, era tutto bloccato.»

«Ho votato per il *Remain* al referendum sulla Brexit, come quasi tutti qui al border» racconta. «Conosciamo molto bene i benefici che ha portato l'Unione Europea, da queste parti molto è stato costruito anche con i fondi europei come tante altre infrastrutture in Regno Unito, ma non vedi mai una bandiera europea o qualcosa che segnali che l'Ue abbia contribuito alla loro realizzazione... certo, la maggior parte del denaro è arrivata dal Regno Unito, ma la retorica dominante è che l'Ue porti solo guai, mentre invece non vengono mai evidenziati i benefici che ha donato alle persone» nota rammaricato Malachy.

No hard border, no soft border, no border!

La mattina successiva, dopo una robusta Irish Breakfast, riparto. Mancano ancora duecento chilometri all'orizzonte di questo viaggio ai confini delle due Irlande. Passando attraverso il vicino Gannon's Cross, su una strada statale, ci sono ancora i segni dei checkpoint al confine: il vecchio capannone dei soldati britannici è stato parzialmente trasformato in un chiosco di fuochi d'artificio. Proprio sul confine c'è un cartello netto: *No hard border, no soft border, no border!*

Viaggio ancora per decine di chilometri verso est, lungo l'invisibile confine, per intervistare a Enniskillen Thomas Elliott, uno dei politici unionisti più importanti qui: 55 anni, già leader dell'Ulster Unionist Party, fino al 2017 è stato deputato al parlamento di Westminster. Da fedelissimo alla Corona (nel suo studio ha la «trinità» Union Jack, il ritratto di Elisabetta II e quello del marito Filippo), Elliott è uno dei pochi abitanti vicino al confine che ha votato per uscire dall'Unione Europea.

«Avevo qualche riserva» mi spiega, «soprattutto per i problemi costituzionali che il *Leave* potesse creare al Regno Unito, ma allo stesso tempo l'Ue aveva già intrapreso una linea insostenibile: personalmente, sostengo il mercato comune, l'unione doganale, anche la libertà di movimento, ma da agricoltore quale ero e sono Bruxelles mette troppi paletti e regole assurde, come sui limiti temporali di coltivazione. Non avevamo il controllo del nostro destino, bisognava riprenderselo».

Oggi rivoterebbe *Leave*, con tutti i problemi che sta provocando qui e a Londra? «Assolutamente sì, soprattutto se decidono di organizzare un secondo referendum. Ora l'Unione Europea vuole punirci.»

E se ci fossero problemi al confine, come temono tutti? «Non ci saranno, si può evitare la frontiera grazie alla tecnologia, ne sono sicuro.»

Mentre la neve cade a fiocchi sempre più corpulenti sulle verdi colline della contea di Fermanagh, definite «mostruose» da Winston Churchill, oggi Enniskillen sembra una tranquilla città dell'Irlanda del Nord. Ma nei decenni scorsi è stata martoriata dalla guerriglia civile, almeno fino all'8 novembre 1987, quando poco lontano dallo studio di Elliott – dove l'ho incontrato – un'autobomba dell'Ira colpì i britannici durante il *Remembrance Day*, le cerimonie di commemorazione dei caduti della Prima guerra mondiale. Dodici i morti, quasi settanta i feriti. Immediate le vendette contro i cattolici. L'attacco, rivendicato dalla Provisional Ira, fu così brutale che ebbe l'effetto opposto: l'Ira e Sinn Féin persero moltissimo consenso popolare a causa di una strage troppo spietata e sanguinaria persino nella cornice dei *Troubles*. La condanna fu praticamente collettiva. Da allora non ci furono più attacchi a Enniskillen, ma soprattutto si riavviò con decisione il processo di pace, dopo l'*Anglo-Irish agreement* del 1985. Gli accordi del Venerdì Santo, paradossalmente, furono agevolati da questa maledetta mattanza.

Dopo l'unionista, vado a sentire l'altra campana, e cioè Michelle Gildernew, 48 anni, la seconda donna del partito nazionalista irlandese (ex braccio politico dell'Ira) eletta a Westminster proprio al posto di Elliot (che aveva interrotto il suo dominio nel 2015). Da Enniskillen fino a Clogher e Aughnacloy ci sono molti *border crossing*, ma del passato malvagio non è rimasto praticamente niente. I britannici avevano fatto saltare o ostruito circa l'80 per cento dei passaggi oggi liberi: bombe ai ponti, muri piantati nelle strade, viuzze minate da ferri, sbarre e altri ostacoli per filtrare e soffocare il contrabbando e le azioni dell'Ira. Fatiche inutili. Molti irlandesi comuni ricostruivano le strade da soli, insieme, spesso la domenica, nel giorno di festa.

Londra si arrese nero su bianco in un documento interno del 1989 denominato «The Irish Border problem»: controllare il confine era diventato ufficialmente impossibile. E, con tutta probabilità, lo è anche oggi. A meno di non militarizzarlo nuovamente, con tutte le drammatiche conseguenze di una simile decisione.

«L'unità dell'Irlanda non è più un sogno, ora ci vuole un referendum sul confine» mi dice Gildernew.

Come tradizione di Sinn Féin, Gildernew non si fa vedere in parlamento per protesta contro Londra, ma è amatissima dalla folta comunità cattolica locale, qui nel distretto elettorale nordirlandese di Fermanagh e Tyrone, dove tra l'altro occupa il seggio del leggendario martire della causa irlandese Bobby Sands (la sua foto è ben in vista nell'ufficio).

Ma come, «un altro referendum»? Dopo tutti gli innegabili danni e storture che sta provocando quello del 2016? Sì, perché il sogno di Gildernew e di tutto lo Sinn Féin di un'Irlanda unita potrebbe diventare incredibilmente realtà.

È un altro paradosso della Brexit.

«Le persone devono avere l'opportunità di votare ed esprimersi sull'unione alla quale preferirebbero appartenere: l'Unione Europea o l'Unione con la Gran Bretagna» argomenta Gildernew. «La Brexit polarizza le nostre comunità. Dobbiamo far sì che qui la vita continui come fino a ora. Dal 1998 il confine è stato smantellato, non possiamo permettere in alcun modo che venga reinstallato, perché altrimenti potrebbe tornare la violenza, anche se l'Ira non esiste più. In passato, anche io ho subito varie minacce di morte, ho perso molti cari nel conflitto. L'Irlanda unita non è solo un sogno, ma un'aspirazione politica sancita dalla pace del Venerdì Santo. L'obiettivo ora è un referendum per diventare un Paese tollerante, all'avanguardia e soprattutto unito.»

Trascorro l'ultima notte del viaggio in un altro B&B al confine, stavolta a Emyvale, in Irlanda, poco a sud di Aughnacloy. Sono piccoli villaggi di neanche mille persone, tra i campi irlandesi sempre affollati di pecore, con un negozio di alimentari, un paio di pub, un ristorante e un bancomat, se tutto va bene. Passando per Augher, una ragazza poco più che trentenne, Seline McCarney, ricorda quando da piccola due soldati britannici molto cattivi le puntarono la canna del fucile contro il faccino e poi le rubarono il cucciolo di cane che suo padre le aveva appena regalato.

Attraversando il confine, c'è una targa nera e luttuosa: qui, il 21 febbraio 1988, venne freddato senza motivo da un cecchino britannico Aidan McAnespie, un ventitreenne irlandese che stava andando a giocare a calcio in un campo vicino. Eugene, il loquace, pingue e sessantaseienne gestore del B&B, se lo ricorda bene, anche perché sua nipote ha sposato un McAnespie: «È una ferita ancora aperta, apertissima. È capitato trent'anni fa, ma per l'intera comunità non è mai passato tempo a sufficienza per dimenticare». Eugene, cattolico, parla volentieri della sua vita «confinata»: «La domenica andavo a messa nel Nord perché qui il prete mi annoiava e poi in chiesa faceva freddo. Così dovevo passare i controlli al checkpoint, sia britannici che irlandesi, qualche volta ci mettevo anche un'ora. Al ritorno, nascondevo il burro in fondo alla scatola di cornflakes, al nord costava di meno. Non se ne sono mai accorti».

L'Irlanda unita? «Non è più solo un sogno»

Mentre percorro gli ultimi chilometri di questo orizzonte di guerra e pace, ripenso al grande scrittore irlandese, Colm Tóibín, che aveva fatto la mia stessa esperienza molti anni fa, e cioè percorrere tutti i quasi cinquecento chilometri di confine, ma lui a piedi (e parzialmente in taxi), quando c'erano ancora i *troubles* e i checkpoint di britannici e irlandesi. Esperienza raccontata nel suo eccezionale *Bad Blood: A Walk Along the Irish Border*.

Lo chiamo al telefono, perché attualmente vive e insegna a New York, alla Columbia University: «Prima, il confine era un grande problema di tutto il paesaggio, oltre a un problema di sicurezza, visto che l'Ira sfruttava la sua porosità per rifugiarsi al sud dopo aver commesso atrocità» mi dice il pluripremiato 64enne, vincitore tra gli altri pure del Booker Prize. «Era anche un problema per il commercio, persino se ti serviva un pezzo di ricambio della tua auto: magari ti toccava prenderlo al Nord e poi per portartelo a casa dovevi contrabbandarlo alla frontiera. Ora le tensioni possono aumentare di nuovo. Perché i cattolici non soltanto vogliono vivere in un'Irlanda unita, ma vogliono restare anche in Europa. La stragrande maggioranza di loro ha votato per il *Remain*. Quando la Brexit diventerà realtà le tensioni si aggraveranno doppiamente. Se torneranno i controlli alla frontiera e i ritardi, i cattolici in Nordirlanda lo considereranno come un brutto passo all'indietro.»

Non solo. Secondo Tóibín, «lentamente, i cattolici in Irlanda del Nord sorpasseranno in numero la comunità protestante. Fino alla Brexit, questo non importava tanto ai cattolici, molti dei quali appartengono alla classe media e sono soddisfatti di essere cittadini britannici in Irlanda del Nord. Ora, però, la Brexit scardinerà questa armonia interiore e l'idea di un'Irlanda unita parte dell'Ue rende il tutto molto allettante».

È la stessa teoria di un giovane economista irlandese, David McWilliams, editorialista dell'*Irish Times*, del *Financial Times* e star su Twitter. Mesi fa McWilliams ha spiegato sul quotidiano finanziario un concetto molto semplice: mai come ora l'Irlanda del Nord e la Repubblica d'Irlanda hanno le condizioni ideali, dal punto di vista politico ed economico, per tornare a essere una cosa sola. Non solo, anche demograficamente sarebbe tutto pronto: i giovani cattolici saranno presto in netta maggioranza al Nord (le loro famiglie fanno mediamente più figli dei protestanti), che dunque tra qualche decennio potrebbe diventare addirittura repubblicano.[6] Sarebbe una svolta.

Oggi, con la Brexit, la meravigliosa illusione dell'Irlanda unita si sta dilatando. Visto che dividere di nuovo l'isola post Brexit cova rischi enormi, la tentazione emergente è, all'opposto, di riunirla sempre di più, soprattutto se un *No Deal* dovesse creare problemi e complicanze pesanti tra le comunità dell'Ulster, non solo come tensioni interreligiose, ma anche per i danni all'economia, che tra l'altro si differenzia molto tra i due Paesi (vibrante in Irlanda, zoppicante e assistenzialista a Belfast e dintorni).

L'Irlanda del Nord, nel referendum del 2016 e nei sondaggi successivi, è sempre stata in netta maggioranza contro la Brexit. Insomma, un'altra rivoluzione potrebbe presto arrivare da questi parti, ma lo sconvolgimento demografico e sociale sarà tale che potrebbe provocare nuova, altissima tensione tra cattolici e protestanti.

Come la deputata Gildernew, crescono coloro che invocano un altro referendum, soltanto per l'Irlanda del Nord, per decidere se rimanere con Londra o se sposare Dublino. Un'ipotesi secondo molti da evitare assolutamente, visto il caos generato dalla consultazione sulla Brexit i cui protagonisti, tra l'altro, durante la campagna per il *Leave* hanno praticamente ignorato o sottovalutato gli enormi problemi che l'uscita del Regno Unito dall'Ue avrebbe potuto creare alla pace in Irlanda.

Insomma, anche il futuro di Dublino e Belfast è più incerto che mai. Ma è altrove che il Regno Unito potrebbe iniziare a spaccarsi. Irrimediabilmente.

4
La crepa che può inghiottire il Regno Unito: la Scozia

William Wallace «Braveheart» era l'eroe in kilt della Prima guerra d'indipendenza, protagonista del celebre film con Mel Gibson, poi catturato e giustiziato in piazza a Londra circa sette secoli fa. Il «cuore» – e lo spirito – ribelle di Braveheart è ancora decisamente vivo in Scozia[1] e negli ultimi anni si è gonfiato esponenzialmente.

È uno dei tanti effetti collaterali e sottovalutati della Brexit. E ora potrebbe davvero aprire una crepa che inghiottirà tutto il Paese e la sua storia secolare: i regni di Inghilterra e Scozia si unirono nel lontano 1707 con l'Act of Union dopo che il re di Scozia Giacomo VI aveva ereditato da Elisabetta I (morta senza eredi) il regno d'Inghilterra. Mai come oggi, però, la frantumazione del Regno Unito è molto probabile.

Ci sono due peccati originali legati alla Brexit che avvelenano la permanenza della Scozia nell'Unione.

Il primo è che la Scozia è un Paese spiccatamente europeista. Per una serie di ragioni: ha beneficiato molto del mercato unico e dei fondi Ue soprattutto nel declino industriale post Seconda guerra mondiale, nonostante alcune storture come le limitazioni sulla pesca, per cui ci sono state numerose critiche critiche a livello locale.[2] Ha goduto delle normative europee su ambiente e lavoro. Ha bisogno di forza lavoro e quindi di immigrazione: all'inizio di settembre 2019 le vetrine dei negozi di High Street, una delle strade principali di Edimburgo, che si arrampica poi fino a Castle Street e al celebre castello, esponevano quasi tutte cartelli «cercasi commesso/a». Lo scenario economico post Brexit che offrirà Londra sarà di certo decisivo riguardo alla potenziale permanenza di Edimburgo nel Regno.[3] Perché, oggi per molti scozzesi, l'appartenenza all'Ue è vitale.

Il referendum della Brexit lo ha confermato, nonostante le precedenti convinzioni – opposte e miseramente smentite – di Boris Johnson.[4] Nel 2016 il 62 per cento ha votato per restare nell'Unione Europea, la percentuale più alta delle nazioni del regno, seguita dall'Irlanda del Nord col 55,8 per cento, mentre Galles (47,5 per cento) e Inghilterra (46,65 per cento) si sono schierate complessivamente per la Brexit.

Il secondo peccato originale in questione è legato al referendum del 2014 per l'indipendenza della Scozia, in cui la permanenza nel Regno Unito (55,3 per cento) ha vinto in maniera netta, ma in uno scenario completamente diverso.

Innanzitutto, la Brexit allora era soltanto un miraggio o qualcosa di ancora impensabile. Ma soprattutto, visto che la maggioranza degli scozzesi tiene molto all'Europa, nel 2014 il voto del referendum venne incanalato verso il No all'indipendenza anche da una palese evidenza: restare nel Regno Unito significava, all'epoca, avere la certezza di rimanere anche in Ue. Uscirne in quel momento, con Londra ancora in Europa, sarebbe stato un suicidio politico ed economico. Se il Regno Unito fosse rimasto in Ue infatti, successivamente avrebbe sicuramente posto il veto a un'ammissione della Scozia indipendente in Europa, e Edimburgo sarebbe rimasta sola e abbandonata. Non a caso, la stessa Unione Europea, un po' come per il caso Spagna-Catalogna, al referendum sull'indipendenza scozzese si schierò con il suo Paese membro, in tal caso il Regno Unito. Per questo, adesso, molti scozzesi pensano di essere stati ingannati nel 2014: scenari e contesto erano molto differenti rispetto a oggi.

«Ma ora molte cose sono cambiate, assolutamente» mi dice Nicola Sturgeon, la «First minister» scozzese e leader del partito nazionalista e indipendentista Scottish National Party, che ho incontrato a inizio del settembre 2019 al parlamento scozzese per un'intervista con *Repubblica*.[5] «Dopo la Brexit» argomenta, «molte più persone comprendono le ragioni del nostro indipendentismo. E credo che l'Ue accoglierà molto volentieri un Paese come la Scozia che vuole continuare a farne parte. Sto avendo molte conversazioni con le autorità europee: posso ben dire che la loro posizione è cambiata sensibilmente nel tempo.»

«Mettiamo però subito le cose in chiaro: niente euro» avverte una sempre risoluta Sturgeon. Eppure tutti i nuovi Paesi membri, e così la Scozia qualora diventasse indipendente, sono tenuti a adottare la moneta unica europea. «Non credo che la Scozia adotterà mai l'euro. O almeno non in un prossimo futuro. Non possono costringerci» dice Sturgeon con una certa sicumera, rifacendosi anche all'esempio della Polonia che è riuscita, con una serie di clausole «opt-out» (che le permettono di godere di eccezioni particolari nell'applicazione delle norme Ue), a rimandare anno dopo anno l'adozione della moneta unica.

In ogni caso, euro o non euro, è chiaro che la Brexit, se e quando sarà portata a compimento, innescherà un tornado politico di vaste proporzioni in Irlanda del Nord e in Scozia.

Nel 2014, il referendum dell'indipendenza scozzese (a differenza di quello della Brexit) venne vinto dall'allora governo Cameron puntando su una propaganda soprattutto basata sui rischi economici di una secessione.[6] È chiaro che in questo momento un tale paradigma è assolutamente ribaltato, perché un disastro economico e finanziario potrebbe arrivare proprio con la Brexit e dunque, anche in Scozia, con la continuità nel Regno Unito. E l'identità nazionale[7] tornerebbe, prepotentemente, in primo piano.

Infine, c'è la questione Boris Johnson.

«Quei parassiti scozzesi meritano l'estinzione.»

Nel 2004, quando era direttore dello *Spectator*, Johnson approvò la pubblicazione di un poema «satirico» che definiva gli scozzesi «una razza di parassiti che merita l'estinzione». Anche se il settimanale conservatore l'ha rimosso dal sito[8], molti in Scozia non lo hanno dimenticato.

Inoltre, il suo arrivo a Downing Street, in un esecutivo estremamente schiacciato sulla Brexit dura, è altra benzina sul fuoco indipendentista scozzese. Qualche minuto dopo «l'incoronazione» di Boris, la premier Sturgeon su Twitter gli ha difatti rifilato un «ipocrita» come benvenuto.

La chiusura di Johnson e dei suoi ministri brexiter a ogni

dialogo riguardo a un nuovo referendum sull'indipendenza scozzese potrebbe far cambiare verso a molti voti e tendenze su questo delicatissimo tema. In tale circostanza, il sentimento della «periferia» anti-Westminster, già visto altrove nel Regno Unito e in Europa e parzialmente sedato con la devolution del 1999, potrebbe crescere parallelamente al desiderio di indipendenza e creare un cocktail politico molto ostile a Londra.

Anche perché Johnson non ha contro solo gli indipendentisti, i nazionalisti e i laburisti. C'è una profonda spaccatura anche nel suo partito. Il 29 agosto, dopo la controversa «prorogation» (la chiusura del parlamento per cinque settimane) decisa dal premier e successivamente giudicata illegale dalla Corte Suprema, la giovane e rampante leader dei conservatori scozzesi Ruth Davidson ha sbattuto la porta, in disaccordo col leader, vista l'aria pesantissima che si respira oltre il Vallo di Adriano. Alle prossime elezioni, nazionali o locali, i conservatori prenderanno molto probabilmente una batosta. E dunque salterà un'altra diga per contenere nazionalisti e indipendentisti.

Nell'agosto 2019, poche ore dopo la fuorilegge sospensione del parlamento da parte di Johnson, ho intervistato per *Repubblica*[9] William Dalrymple e il suo ragionamento è stato esemplare. Il grande storico scozzese non considera Johnson «un politico autoritario. Ma mi pare passato nel lato oscuro come Darth Vader di *Guerre stellari*. Ha visto che governo ha? Priti Patel, la ministra degli Interni, era per la pena di morte. È un esecutivo di pazzi. Ora potrebbe saltare tutto il Regno Unito».

Eppure Dalrymple, 54 anni, al referendum per l'indipendenza del 2014 votò convintamente per restare nel Regno Unito. «Altri tempi» dice oggi. «È cambiato tutto. A causa di episodi come la sospensione del parlamento e del *No Deal* sempre più vicino, anche il Regno Unito potrebbe spaccarsi definitivamente dopo secoli. E io, da sempre unionista, la prossima volta voterò per l'indipendenza. Non mi faccio mica governare da questi estremisti inglesi.»

Il problema è proprio questo. Un governo fondamentalista sulla Brexit e sui rapporti con la Scozia come quello di Johnson andato in carica nel luglio 2019 non potrebbe fare altro che riaccendere la sindrome da Braveheart, come del resto successe con l'introduzione della tassa locale «poll tax» di Margaret Thatcher nel 1989. Ma fino a che punto?

La Scozia una nuova Catalogna?

Il 24 aprile 2019, quando era ancora in carica l'agonizzante governo May, Sturgeon ha annunciato l'avvio del processo legislativo per organizzare un secondo referendum «con o senza l'assenso di Londra» ha sottolineato, anche se solo quest'ultima può dare l'approvazione ufficiale alla consultazione (come Madrid per la Catalogna). Parole forti che, se seguite dai fatti, potrebbero portare a disordini simili – se non peggiori, visto il complicato contesto – a quelli visti a Barcellona del 2017.[10]

Quando, nel settembre 2019, ho incontrato Nicola Sturgeon al parlamento di Edimburgo[11], la «First minister» ha ammorbidito la sua posizione, non escludendo del tutto però il ricorso a una consultazione illegale: «Nel 2014 c'è stato un referendum legale, consensuale. Questa è la strada da ripetere. La mia volontà è di tenere una seconda consultazione popolare l'anno prossimo. E badate: il nostro nazionalismo non è come quello dei brexiter intolleranti e insulari. È molto più sano e costruttivo».

Ma poi alla domanda: «Quindi lei non considererebbe altre "modalità" di referendum se il governo centrale a Londra, vedi Boris Johnson, ponesse il veto?», la risposta della «First minister» è stata: «Bloccare un secondo referendum sarebbe inaccettabile e antidemocratico. A lungo andare sarà una posizione insostenibile da queste parti». Insomma, resta un'ipotesi, seppur finale.

Anche i sondaggi, per la prima volta dopo il referendum sulla Brexit nel 2016, oggi parlano di possibile vittoria dell'indipendenza. Sir John Curtice, la massima autorità sui rilevamenti d'oltremanica, ha detto che «non è più scontato che la Scozia voti contro l'indipendenza qualora ci fosse un altro referendum».[12]

Inoltre, i laburisti, nella fattispecie il leader Jeremy Corbyn e il suo vice John McDonnell, sono sempre più propensi a sbilanciarsi per un secondo referendum in cambio di un sostegno dello Scottish National Party a Westminster, in vista di nuove elezioni politiche.

«La Scozia sceglierà di essere indipendente» conclude Sturgeon, «non voglio far parte di futuro così pieno di sofferenze. È frustrante che il destino della Scozia sia in mano a incontrollabili forze esterne. Per questo, dobbiamo riprenderci il destino nelle nostre mani. E l'unica strada è l'indipendenza».

Inutile dire che questo scenario porrebbe il problema

La crepa che può inghiottire il Regno Unito: la Scozia

di un ulteriore confine terrestre per il Regno Unito, dopo quello tra l'Irlanda del Nord e Irlanda. Anche questo di difficilissima gestione e risoluzione, soprattutto se e quando Edimburgo entrerà, in solitaria, a far parte dell'Ue.

Ecco un'altra ragione per cui, nonostante il caos totale a Londra, un secondo referendum sulla Brexit (una possibile soluzione per chiudere il cerchio e lo psicodramma Brexit) è tuttora altamente improbabile: se Londra lo concedesse, Edimburgo avrebbe tutto il diritto, e al quel punto pure la forza, di chiederne uno nuovo anche sull'indipendenza scozzese.

Ma come la Scozia, anche un'altra periferia dell'impero, ossia il Galles, ha beneficiato molto dei fondi Ue, come ha spiegato Carole Cadwalladr. La giornalista investigativa del *Guardian* è cresciuta proprio in Galles, ha studiato a Cardiff ed è diventata celebre in tutto il mondo per un suo video *Ted* in cui raccontava l'assurdo caso di Ebbw Vale: il paesino dove è cresciuta, dove il 62 per cento ha votato per la Brexit dopo una valanga di annunci pubblicitari euroscettici su Facebook di dubbia provenienza.[13]

Altro esempio, Merthyr Tydfil, 63 mila abitanti, una quarantina di chilometri a nord della capitale gallese Cardiff, prende il nome dalla «martire Tydfil» figlia di re Brychan, poi diventato santo, uccisa dai pagani intorno al 480 dopo Cristo. È un luogo nostalgico, come gran parte del Regno Unito che non sia Londra o qualche altra grande città. Con la rivoluzione industriale, Merthyr Tydfil divenne un centro importante della siderurgia e dell'industria in generale. Poi, come già visto altrove, tutto è andato in declino e oggi la periferia della città è considerata tra le dieci aree del Regno

Unito con la più grave povertà infantile, con punte del 60 per cento.

Quest'area e tutto il Galles hanno i conti in attivo per quanto riguarda i contributi da e verso l'Unione Europea, che nello specifico ha aiutato a costruire diverse infrastrutture e edifici. Cosa succederà con la Brexit? Il governo di Londra riuscirà a addormentare la rivolta per tempo? O anche il Galles si unirà alla rivoltosa Scozia e alla cagionevole stabilità dell'Irlanda del Nord?

Secondo alcuni sondaggi, in Galles negli ultimi anni il numero di indipendentisti in un potenziale referendum è salito da percentuali minime fino al 40 per cento.[14] Mai vista una cosa del genere per una nazione relativamente tranquilla e saldamente legata a Londra sin dal Tredicesimo secolo. Insomma, l'effetto domino della Brexit, oltre a disunire il Regno Unito a nord, potrebbe risvegliare anche il dragone gallese «Wales». E se Londra non colmerà i fondi Ue che quest'area presto perderà con l'addio all'Europa, tra qualche anno potremmo doverci abituarci anche a un altro astruso termine: Wexit.

5
Order!
A tu per tu con John Bercow

Un giorno, nella libreria del mio «ufficio» a Westminster – la Lower Reporter Gallery, un maestoso stanzone dove scrivo tutti i giorni tra enormi librerie di legno, sedie e moquette verdi, qualche topolino e un'ampia toilette con doccia utile dopo la palestra o il tennis – uno dei primi libri che casualmente individuo, tra le biografie della regina Elisabetta e di Ken Clarke, tra William Pitt e Yanis Varoufakis, è l'*Erskine May*.

Che cosa sarà? Mi attrae la parola May, ovviamente, perché in quel momento l'allora premier britannica era nel pieno della sua muscolare – e fallita – impresa di convincere il parlamento a votarle l'accordo Brexit che aveva raggiunto dopo tanti sforzi con l'Europa nel novembre 2018.

Comincio a sfogliare il polveroso tomo, intitolato a Thomas Erskine May, un importante teorico costituzionale vissuto nel Diciannovesimo secolo. È molto noioso anche se per alcuni aspetti interessante: è una sorta di bibbia del regolamento parlamentare, che raccoglie norme, convenzioni e precedenti quasi millenari della Camera dei Comuni e di quella dei Lord. Insomma, come si autodefinisce l'Erskine May, è «il libro perentorio delle leggi in parlamento e della loro messa in pratica». Se si hanno dubbi riguardo tutto ciò che concerne la Camera dei Comuni, questa «bibbia» ha la risposta. La sfoglio ancora un po', poi la ripongo, preso da faccende più urgenti.

Qualche settimana dopo, però, per mia sorpresa e di tutti i giornalisti parlamentari britannici, l'*Erskine May* diventa incredibilmente attuale.

Il 18 marzo 2019, durante il pranzo, John Bercow, lo speaker (cioè il presidente) della Camera dei Comuni, colui che governa i lavori del glorioso parlamento con molti e spiccati poteri, diventato famoso in tutto il mondo negli ultimi tempi per le sue urla cavernicole, la sua ammaliante lingua inglese che incrocia Shakespeare e i Monty Python e soprattutto per i suoi roboanti *Ordeeeeerrr!*, «Ordine!», per riportare la calma in aula, dichiara che nel primo pomeriggio farà un annuncio.

Non è usuale, mi confermano i colleghi. Che cosa sarà mai?, ci chiediamo. Mistero.

Alle 15,30, mentre tutti noi reporter saliamo frettolosamente nella galleria della Camera dei Comuni a noi riservata, invisibile in tv ma proprio sopra il suo scranno a baldacchino, Bercow rompe gli indugi. Annuncia che in base a un precedente citato dall'*Erskine May* – risalente addirittura al 1604! – non permetterà al governo May di far mettere ai voti per la terza volta lo stesso accordo Brexit che la premier ha raggiunto con l'Europa. Questo perché «il parlamento lo ha già precedentemente bocciato in due circostanze e dunque, in base alla norma contenuta nell'*Erskine May*, potrò accettare solo una mozione diversa dalle precedenti».[1] Furia dei conservatori in aula.

Una mazzata durissima per Theresa May, che proprio in quei giorni stava tessendo una faticosissima ma per la prima volta realistica maggioranza in parlamento per far passare il suo controverso accordo: dopo l'annuncio di Bercow, tale accordo avrebbe dovuto essere modificato per l'ennesima volta. Nelle ore successive si scoprirà come Bercow non avesse avvertito né May né alcun membro del suo governo – come altra convenzione parlamentare vuole – della sua esplosiva decisione che devastò tutti i piani della premier e che si sarebbe poi rivelata strumentale, o addirittura decisiva, per la sua successiva caduta.

Lo stesso scherzetto John Bercow, 56 anni, lo farà a Boris Johnson e al suo piano contingente per il *No Deal*. Vedremo perché tra poco.

Intanto, con Bercow ho appuntamento – preso diverse settimane prima – proprio pochi giorni dopo il fattaccio dell'*Erskine May*, il 26 marzo 2019, per una rara intervista per *Repubblica*[2] nel suo appartamento privato nella Camera dei Comuni e in piena bufera politica.

Fuori dalle sacre stanze, intanto, i tabloid e tanti parlamentari conservatori lo massacrano quotidianamente per la sua decisione dell'*Erskine May*.

Sono certo che mister Speaker annullerà il nostro incontro: le polemiche dopo quel suo annuncio del 19 marzo stanno diventando sempre più feroci e lui da allora è rimasto in assoluto silenzio, trincerandosi dietro ostinati no comment, anche quando il mio valido amico e collega Joey D'Urso della Bbc era riuscito a beccarlo il giorno dopo l'*Erskine May gate* fuori dal parlamento con uno sgargiante e bizzarro maglione a righe. Quella volta Bercow, con il suo istrionismo, aveva schivato tutte le domande.[3]

Invece no. Sorprendentemente, Bercow non cancella la nostra intervista.

Nel pomeriggio del 26 marzo, come stabilito, mi presento nella sua segreteria. Subito i suoi collaboratori mi guidano verso i segreti e lussuosi appartamenti riservati allo speaker della gloriosa Camera dei Comuni, culla della democrazia occidentale. Attraverso un lungo e stretto corridoio, che si insinua in una biblioteca colossale alta dieci metri, su un tavolino ci sono due bottiglie di whisky speciale, con l'etichetta personalizzata *Speaker Bercow's, Single Malt Scotch*. Sì, Bercow è un po' un narciso.

Mi accoglie con una calorosa stretta di mano, un tono molto amichevole per la sua altissima figura istituzionale nel Regno Unito, stupefatto dalla fama che, con i suoi *Ordeeeeerrr!*, ha raggiunto in quasi tutta l'Europa continentale, mentre in Regno Unito è sempre più sommerso da critiche, veleni e ostinate accuse di parzialità in parlamento, soprattutto da parte dei brexiter.

Bercow non vuole e non può parlare di Brexit, né commentare nello specifico le sue decisioni in parlamento perché il suo ruolo è assolutamente imparziale e delicatissimo, soprattutto in un momento così complicato per un Regno Unito sempre più caotico.

Più tardi invece si sbottonerà, ma nel frattempo è molto

onorato che tutta Europa, guardando in tv i teatrali dibattiti alla Camera dei Comuni, da qualche tempo si sia innamorata di lui, delle sue urla e della sua flessuosa retorica. Per questo vuole raccontarsi ai suoi ammiratori dall'altra parte della Manica, lui figlio di un autista polacco ebreo e molto poco «etoniano», a differenza di tanti suoi colleghi (ha fatto le scuole pubbliche), piccolo di statura («solo tre altri speaker erano più bassi di me, ma dopo esser stati decapitati!» scherza), con la passione della politica, della retorica e del tennis sin da bambino: «Il paradiso me lo immagino con me che riesco ad andare nello stesso anno a tutti e quattro i tornei di Grande Slam di tennis...».

Mi fa accomodare su un divano con vista Tamigi, nella stanza prima di quella che ospita lo «State Bed», un gigantesco letto rosso con baldacchino disegnato nel 1858 da John Braund, dove il monarca dormiva la notte prima dell'incoronazione. Bercow tiene alle convenzioni, come tutti gli inglesi: «Lei si deve sedere da questo lato e in questo angolo del divano, con lo sguardo verso la finestra, è importante» suggerisce con simpatia unica. Ma perché? «Non lo so perché, ma mi hanno detto che tutti gli ospiti dello Speaker devono avere questo riguardo.»

Tuttavia, nelle sue maestose stanze private di Westminster c'è un disegno molto colorato, quasi psichedelico, in bella vista, che stona con il resto dell'arredamento pomposo, dorato e scarlatto, ispirato al vittorianesimo ma anche ai salotti italiani del sedicesimo secolo, sotto i possenti ritratti degli altri presidenti del parlamento britannico del passato. È un quadro importante, perché ricorda la strage della Grenfell Tower, le cui fiamme il 14 giugno 2017 uccisero settantadue innocenti, tra cui i due ragazzi italiani Gloria Trevisan e Marco Gottardi. «Lo hanno disegnato i bambini del quartiere, nel 2015, prima che ci fosse quel rogo tremendo» sottolinea con commossa fierezza Bercow, appena arrivato dal suo trono della Camera dei Comuni con una delle sue cravatte sgargianti. «Dopo la strage ho voluto porre la loro opera qui, affinché nessuno, io in primis, dimenticasse che cosa avvenne quella notte.»

Bercow, parlamentare conservatore poco ortodosso e di lungo corso, speaker della Camera da oramai dieci anni (iniziò il giugno 2009 e subito tolse l'obbligo di parrucche e cravatte «affinché il parlamento sia più vicino al popolo»), sposato dal 2002 con la moglie laburista Sally Illman con la quale ha tre figli, grande appassionato di tennis, fanatico di Wimbledon e abbonato dell'Arsenal, non si aspettava un simile «successo». «No, non avrei mai creduto una cosa simile. A essere onesti, fino a poco tempo fa non ero assolutamente al corrente del livello di interesse che il parlamento britannico ha in Europa in questo momento, né ci avevo mai pensato, davvero... e per un argomento come la Brexit, poi. Ma è la dimostrazione dell'importante lavoro della House of Commons che presiedo ed è cruciale per l'istituzione e per quello che stiamo tutti facendo di fronte a una sfida simile.»

«Qualcuno commenta il modo in cui parlo» continua con una ricca e simpatica gestualità, «altri sono ammaliati dall'invocazione costante di *Order, order!* o dal modo in cui costruisco le frasi. O magari, per esempio, commentano sfrontatamente il mio lato sartoriale, il mio modo di vestire, le mie cravatte. Ma vi assicuro che io sono semplicemente quello che vedete. Non recito una parte, né un ruolo teatrale, io sono proprio così, senza artifici. Altrimenti non mi sentirei a mio agio. Anche il mio particolare modo di parlare è quello che ho sempre utilizzato sin da bambino. L'ho imparato da mio padre che pontificava dalla sua poltrona, usando un linguaggio articolato ma non prolisso: mi ha sempre insegnato che nella vita è importante parlare fluentemente e con una grammatica corretta. E sin da ragazzino e da giovane attivista politico ho imparato a parlare in modo sinuoso. Così in pubblico sono migliorato sempre di più. Non solo: essendo piccoletto, per difendermi dai ragazzi molto più grossi di me, quando loro usavano i pugni, io rispondevo con le parole».

Quindi i suoi *Ordeeeeerrr!*, la sua teatralità non sono nulla di studiato? «La parola *order* risale a secoli fa nei lavori della House of Commons, non l'ho inventata io. Per moltissimo tempo il presidente del parlamento apriva la prima seduta della giornata urlando *Ordeeeeerrr! Ordeeeeerrr!*, e così è stato per generazioni. Poi, certo, alcuni manierismi, alcune espressioni sono più mie, personali. Sono un po' teatrante? Un pochino, in un certo senso sì. Ma non è una performance. Piuttosto è un modo di affrontare le vicende dell'aula con humour, se possibile, affinché tutto non sia terribilmente serio. Un po' di humour, un tocco di leggerezza, una risata qua e là non è qualcosa di male. Io stesso, quando ho iniziato, ero troppo serio e aggressivo, ma con gli anni ho cercato di essere più rilassato. È un lungo viaggio.»

Bercow racconta che i romanzi che l'hanno ispirato di più sono «*Il Racconto di due città*, il più bel romanzo di

Charles Dickens, che si immerge nelle personalità e nella crudeltà della Rivoluzione francese. Un libro meraviglioso. Poi *Via dalla pazza folla* di Thomas Hardy e *Silas Marner* di George Eliot, bellissimo. Ma più invecchio, più rinuncio alle Jane Austen e alle Brontë, per passare a romanzi più moderni, come quelli del sensazionale Philip Roth. Mentre tra gli scrittori britannici mi piace soprattutto Sarah Waters, una scrittrice lesbica che parla anche di amori omosessuali. Mentre da bambino ho adorato *Papillon* di Henri Charrière. Ricorda il gran film con Steve McQueen e Dustin Hoffman? E poi tanto Kafka: *Il Processo*, *Il Castello*, in cui tu pensi che il castello sia vicino e invece è sempre più inavvicinabile».

La situazione di oggi in Regno Unito è un po' kafkiana, gli faccio notare. «Ahah» ride. «Sì, forse sì».

Da ragazzino, Bercow era considerato una grande promessa del tennis, cui ha dovuto rinunciare per ragioni di salute. «Ma non sarei mai diventato un campione: non avevo il talento di Andy Murray o di Fabio Fognini per esempio, anche se quest'ultimo ha un bel caratterino... poi dopo una bruttissima bronchite ho comunque deciso di smettere, anche se sono ancora un allenatore qualificato. Dunque, ho scelto la politica. Decisivi sono stati diversi avvenimenti: gli anni Settanta, l'Inverno del Malcontento [1978-1979, segnato da forte tensioni sociali, N.d.R.], gli scioperi, il governo laburista, insegnanti laburisti o comunque di una sinistra critica nei confronti del Labour. Papà era conservatore, mi diceva sempre: "Questo non è il modo di governare un Paese". Ciò mi ha trascinato ancora di più nella politica. Era il 1978 e avevo quindici anni quando andai ad ascoltare Margaret Thatcher, allora parlamentare della mia stessa circoscrizione [Finchley, Londra, N.d.R.]. Dopo il discorso mi avvicinai a lei, che mi disse: "Mister Bercow! Lei è un membro dei giovani conservatori?". E io: "Mi spiace, no, signora Thatcher, ma sono venuto ad ascoltarla, le sue parole sono di grande ispirazione". E la "lady di ferro": "Dovrebbe entrare nel nostro partito senza dubbio!" e mi indicò dove farlo. Lo feci, mi iscrissi ai conservatori. Ma allora non volevo essere lo speaker della Camera, né pensavo di diventarlo. Poi nel 2003-2004 ho pensato invece che fosse il momento di provarci.»

Anche perché Bercow aveva avuto frizioni con il suo partito. «Già, è così. Non mi sentivo in quel momento di poter fare grandi cose tra i conservatori e non andavo d'accordo con il leader di allora [Iain Duncan Smith, N.d.R.]. Ma siccome il parlamento mi piace, credo in questa istituzione e rispetto il valore della democrazia rappresentativa, ho pensato, be', forse posso fare questo mestiere. Poi, nel 2003, durante una cena a casa dell'allora sottosegretario Jonathan Aitken a Kensington con mia moglie Sally, lo stesso Aitken mi disse che secondo lui avevo le qualità per farlo: "Ma è solo un mio pensiero, caro John". Dopocena, in quella sera d'estate, io e mia moglie ci siamo incamminati verso casa e lei mi fa: "Lo sai che questa idea dello speaker mi piace proprio: tu adori il parlamento, lo speaker deve avere buona memoria, oltre a correttezza e senso di *fair play* e tu ce l'hai". Da quel momento ho capito che essere presidente della Camera era un mio desiderio e alla fine del 2004 ho deciso che ci avrei provato.»

Da ragazzo, Bercow era entrato a far parte del gruppo di destra radicale e xenofobo Conservative Monday Club, che ha presto abbandonato perché non si ritrovava nelle sue idee. Oggi è uno dei conservatori più liberali e paladino dei diritti civili. «La svolta è stata la grave sconfitta del partito conservatore alle elezioni del 2001» spiega, «dopo quattro anni di governo Tony Blair, nei cui confronti ero stato molto critico. Allora ho capito che i Tories non avevano impatto sull'elettorato. Mi son detto: qui c'è un problema. Perché siamo così impopolari? Così mi son dato delle risposte: eravamo insensibili nei confronti dei bisogni delle persone: salute, istruzione, spesa pubblica. Insensibili al divario tra ricchi e poveri, insensibili o irrispettosi nei confronti delle donne o delle minoranze, alienati dalla realtà. Ho iniziato molto a pensare ai diritti LGBT, a battermi per le unioni civili e per le adozioni delle coppie omosessuali. In questo sono stato influenzato un po' da mia moglie, ma un pochino, perché sei sempre leggermente influenzato dal tuo partner. Sono capace di pensare da solo, ma Sally ha inciso in una certa misura. E a proposito, io non sono "diventato di sinistra per diventare speaker", come alcuni idioti dicono. Ho semplicemente cambiato la mia idea in maniera genuina su alcuni temi. Chiaro?»

Alla fine, mister Speaker cede anche sulla politica. Nonostante l'immane caos calmo a Londra, si dice ottimista riguardo al futuro del suo Paese. «Il Regno Unito e i britannici sono famosi per la loro resilienza, particolarmente in tempi di crisi.»

In molti lo accusano di non essere imparziale, come invece il suo ruolo impone, di voler far deragliare la Brexit.

«Ogni presidente della Camera dei Comuni viene qualche volta criticato per essere favorevole a questo o quell'altro» risponde lui con un certo vigore. «A questo rispondo che ho sempre dimostrato di voler ascoltare tutti i punti di vista su qualsiasi tema. Lavoro giorno e notte, e a volte vado oltre i tempi alla Camera per dare la possibilità a tutti di parlare, qualsiasi opinione essi abbiano. Anni fa venivo criticato dagli europeisti perché "facevo parlare troppo i brexiter", quando questi erano una minoranza. Ora i brexiters mi criticano quando seleziono gli emendamenti dei remainers. Insomma, in tempi diversi ho scontentato entrambi i fronti e credo che questa sia la prova che sono semplicemente corretto. Posso avere una mia idea, ma sono imparziale in parlamento. Mentre non sono imparziale sul parlamento: in questo caso sono sempre a favore del parlamento, che il parlamento venga ascoltato, che il parlamento possa parlare.» Così dicendo batte per tre volte i pugni sul tavolo. «Il parlamento deve essere sempre rispettato dal governo in carica e dalle opposizioni.»

Appena Johnson è diventato premier nel luglio 2019, Bercow lo ha avvertito: ha promesso che avrebbe «lottato fino all'ultimo respiro» qualora Johnson avesse cercato di «chiudere» il parlamento per qualche giorno con uno stratagemma (*prorogation*, illegale secondo la Corte Suprema, imbavagliando i poteri dell'aula per quei pochi giorni necessari a far scivolare il Regno Unito verso il 31 ottobre e verso il *No Deal*).

Johnson l'ha ignorato. L'ha fatto.

Chi conosce mister Speaker sa bene quanto non gli piaccia la Brexit (anni fa ammise con alcuni studenti di aver votato contro), quanto esecri il *No Deal*, quanto difenda l'istituzione del parlamento e quanto non gli piaccia essere scavalcato. E così Bercow ha preparato uno scherzetto a Boris.

La settimana del 3 settembre 2019, prima della controversa sospensione del parlamento decisa da Johnson, Bercow ha permesso alle opposizioni di prendere il controllo dell'agenda parlamentare, cosa non usuale perché il sistema parlamentare britannico è decisamente schiacciato sull'esecutivo, che detta gli iter legislativi, mentre i partiti all'opposizione, in genere, possono soltanto far approvare mozioni indicative ma legalmente non vincolanti per il governo. Così il Labour di Jeremy Corbyn, i liberal-democratici della nuova leader Jo Swinson e le altre opposizioni sono riusciti a far approvare in tempo record una legge anti *No Deal* che costringerebbe Johnson a chiedere un'estensione se non si raggiungesse a breve un accordo sulla Brexit tra Ue e Uk. Un paracadute molto solido che ha legato le mani al premier.

Non solo. Il 9 settembre 2019, Bercow, con l'amata cravatta sgargiante sotto la toga, annuncia: «Ho deciso di lasciare, al più tardi il 31 ottobre di quest'anno. È arrivato il momento, l'ho promesso alla mia famiglia».

Bercow dà un'occhiata alla moglie Sally, eccezionalmente presente nella galleria sovrastante. Si commuove, la sua adorabile voce cavernicola, quella che pontifica i celeberrimi *Orrdeeeeerr!*, si incrina: «È stato il più grande onore della mia vita presiedere la Camera per dieci anni. Sono fiero di voi deputati». Di qui l'elegia del parlamento, sua unica stella polare, difeso strenuamente negli anni e oggi sotto la travolgente furia popolana dei brexiter e della «vittoria mutilata» del referendum del 2016: «È l'istituzione della nostra democrazia» ammonisce mentre si asciuga gli occhi, «se degradiamo il parlamento, siamo tutti, tutti in pericolo».

Un'onda di applausi scroscianti si gonfia dai banchi dell'opposizione e dei laburisti di Jeremy Corbyn («Lei è stato uno speaker supremo, grazie!»), Sally batte le mani tra lacrime fiere, mentre è gelo dalle panche di governo e partito conservatore. Quasi tutti rimangono seduti, masticano rabbia e rancore: da giorni pregustavano anche la purga di Bercow, spodestandolo dal suo seggio di Buckingham. Volevano cacciarlo, umiliarlo. Ma mister Speaker li ha bruciati sul tempo.

Ma soprattutto Bercow ha gabbato Johnson e compagni anche per un altro motivo. Rendendo noto che si dimetterà in caso di elezioni anticipate e comunque non oltre la scadenza Brexit del 31 ottobre, mister Speaker ha legato per una seconda volta le mani a Boris perché, in ogni caso, sarà questo parlamento, in cui Johnson è in minoranza, a eleggere il suo successore. Che quindi, con tutta probabilità, sarà contrario all'eventualità della Brexit dura e allo spauracchio del *No Deal*, dal momento che serviranno i voti delle opposizioni per la sua elezione. Avanti il prossimo.

6
The Rule of Boh.
La tempesta perfetta

Il mio primo giorno da giornalista parlamentare a Westminster, dopo aver varcato la gigantesca e gotica Westminster Hall, gli autorevoli corridoi della St. Stephen's Hall tra le statue di Robert Walpole e William Pitt, i mosaici di R. Anning Bell dedicati a re Stefano d'Inghilterra, al martire Santo Stefano e Edoardo III (qui si riunivano temporaneamente i parlamentari alla fine degli anni Quaranta dopo il bombardamento nazista della Camera dei Comuni), e poi la gloriosa Central Lobby, tra i busti di Lloyd George, Churchill, Attlee e Thatcher, fino alla Members' Lobby, ovvero l'anticamera dell'ingresso del parlamento dedicato ai deputati (di qui il soprannome «lobby journalists» dei reporter di Westminster), alla fine sono entrato nella gloriosa Camera dei Comuni britannica, la culla della democrazia parlamentare occidentale, il più antico e continuativo sistema politico al mondo, sin dall'inizio del Tredicesimo secolo.[1]

I reporter accreditati hanno una galleria riservata, tutta

di legno, i tipici cuscinetti verdi e banchi richiudibili per andare al proprio posto e sedersi. Si trova esattamente sopra lo speaker John Bercow. Le telefonate al cellulare, anche nei momenti più caotici e chiassosi, sono assolutamente vietate, così come le fotografie o i video, pure in casi estremi.

I posti non sono assegnati, in teoria ognuno potrebbe sedersi dove vuole. In pratica, non è così. I sedili centrali e quelli delle file più avanzate, a qualche metro da Bercow, dal premier e dal leader dell'opposizione, sono riservati ai giornalisti parlamentari più anziani o delle testate britanniche più importanti. L'ultimo arrivato, come il sottoscritto, soprattutto nelle occasioni più importanti come il question time del premier che si tiene tradizionalmente il mercoledì a mezzogiorno, si siede comunemente nelle aree laterali della galleria, o quelle più in alto in «piccionaia». Tutto ciò nonostante non ci sia alcuna regola ufficiale, né scritta da qualche parte e nemmeno un'assegnazione preventiva dei posti. Sono le cosiddette convenzioni inglesi, le tradizionali e a volte secolari formalità, che ovviamente regolano anche la vita di Westminster: per esempio, quando si va nella Members' Lobby, cioè l'atrio dove i giornalisti possono «approcciare» i deputati uscenti dalla Camera dei Comuni, la regola – anche in questo caso non scritta – è che ogni dialogo intercorso con i parlamentari è *off the record*, cioè non attribuibile al deputato in questione. Tradizione vuole che, per assicurare questi ultimi delle proprie buone intenzioni, il reporter si avvicini con le mani ben infilate nelle tasche della giacca e non con il taccuino in mano (come si usava nell'era precedente agli smartphone e ai registratori), per far capire al politico di turno «non scriverò niente di quello che ci diciamo», o meglio «non farò il tuo nome».

«Life is a stage», come diceva Shakespeare, e anche Westminster è un teatro della politica, della vita e della britannicità, ricamata di passato, convenzioni formali, regole non scritte e irresistibile understatement.

Quei «bravi ragazzi» e la dinamite Johnson

Il problema è che a essere decisamente aderenti alle convenzioni non sono soltanto queste curiose norme di Westminster, ma praticamente l'intero sistema politico britannico, come il 13 agosto 2019 ha dichiarato al *Times* lord Hennessy of Nympsfield, considerato oltremanica il massimo storico costituzionale vivente: le fondamenta della democrazia del Regno Unito, sinora, si sono basate prevalentemente sul concetto di *good chap*, cioè di leader che siano anche bravi ragazzi, fedeli allo Stato e alla sua conservazione, e non, come in molte altre democrazie occidentali, su legislazioni solide. Ora, a causa della Brexit, delle pressioni e degli stravolgimenti che sta causando, tutto questo potrebbe venire a mancare creando un pericoloso vuoto nelle istituzioni britanniche e rendendo così la democrazia drammaticamente cava. Sarebbero «guai molto seri» ha avvertito lord Hennessy, «siamo sopravvissuti alla guerra, ma forse non supereremo questa sfida».[2]

Se ci fosse un leader che vive di forzature politiche e ideali come Donald Trump, le istituzioni democratiche britanniche tremerebbero molto di più di quelle americane che, a differenza del Regno Unito, hanno una Costituzione molto più «pesante», influente e molto spesso inequivocabile, perché indiscutibilmente scritta in un unico testo. In Uk, invece, tutto questo non esiste: c'è la base della *Magna Charta*, che nel 1215 stabilì la cosiddetta *rule of law*, la centralità del parlamento e delle corti di giustizia, una prima laicità dello Stato e il concetto di proprietà privata, al quale poi sono stati aggiunti codicilli, leggi in ordine sparso, precedenti e soprattutto convenzioni, molto spesso non scritte o non esplicitate. Così a volte deve intervenire la Corte Suprema (tra l'altro istituita soltanto nove anni fa) a dirimere le varie controversie legislative, perché la *rule of law* può tramutarsi all'improvviso in *rule of boh*, ovvero: «Che cosa dice la legge a questo punto? Non è chiaro».

Il problema di avere un «uomo forte» e soprattutto anticonvenzionale a Downing Street è emerso paurosamente con Boris Johnson, in un Paese che «purtroppo si sta abituando alla politica dell'azzardo», come ha scritto il politologo e studioso Matthew Goodwin.[3] Il premier eletto nel luglio 2019 è personaggio ambiguo, come abbiamo visto all'inizio di questo libro, molto diverso ma anche simile a Trump, che ama forzare la mano con il suo istrionismo istintivo, con il suo estremismo individualista, con la sua rapace voglia di raggiungere un obiettivo a ogni costo. È in questa incertezza che un leader populista come Johnson può agire apparentemente indisturbato, minando però, poco a poco e inconsapevolmente, l'essenza della democrazia britannica.

Johnson, che sin da quando è stato eletto ha contrapposto pericolosamente il parlamento «che blocca la Brexit» al «popolo sovrano», non solo ha sospeso i lavori della Camera dei Comuni a inizio settembre 2019 con il vero scopo di imbavagliare (senza successo) le opposizioni. In questo caso, è curioso ricordare un altro incredibile paradosso. La regina Elisabetta, che ha firmato il provvedimento illegale di Johnson, secondo la costituzione britannica avrebbe potuto rifiutarsi ma non lo ha fatto perché, per convenzione, un sovrano non si immischia mai nelle decisioni del premier, come monarchia parlamentare vuole.

Non solo, dicevamo. Pochi giorni dopo, di fronte alla legge anti *No Deal* miracolosamente approvata dal Labour e dagli altri, Johnson ha minacciato l'arma nucleare: addirittura ignorare la legge. Questo perché, come dicevamo, in teoria è l'esecutivo che detta i tempi parlamentari e approva la nuova legislazione, ma stavolta, grazie all'aiuto di Bercow, ciò che hanno approvato le opposizioni (ossia un piano Brexit controfirmato dall'Europa entro il 19 ottobre, altrimenti il premier sarebbe stato costretto a chiedere il rinvio) è legalmente vincolante. Ignorare la legge, come ha minacciato Johnson, provocherebbe in teoria uno scontro costituzionale senza precedenti nella storia britannica, metterebbe seriamente a repentaglio la democrazia d'oltremanica e infine potrebbe causare persino l'arresto di Boris Johnson.[4]

Per questi motivi, Johnson potrebbe dare il devastante colpo di grazia a questo castello di scartoffie democratiche.

Tuttavia, le basi della costituzione britannica hanno iniziato a traballare sin dalla decisione di indire un referendum sulla Brexit. Innanzitutto perché una tale consultazione ha contrapposto una leggendaria democrazia parlamentare a un «volere del popolo» espresso in un voto solamente indicativo (quindi i deputati potrebbero tecnicamente anche ignorarlo). Inoltre, a differenza di quanto accade in quasi tutte le democrazie occidentali, la domanda del referendum non richiedeva un assenso/dissenso riguardo a una legge o un'indicazione ben precisa sull'uscita dall'Ue, ma poneva semplicemente una vaghissima domanda: «Il Regno Unito deve restare nell'Unione Europea?», senza alcun dettaglio su come un'eventuale Brexit sarebbe stata successivamente messa in pratica.

Queste lacune hanno arato il terreno per una contrapposizione molto forte tra il parlamento, che sta cercando di portare a termine fattualmente la Brexit, e il popolo, che invece viene aizzato da leader populisti come Nigel Farage o lo stesso Boris Johnson che dichiarano che il volere del popolo «verrebbe ignorato da Westminster». Ma, tradizionalmente, il parlamento britannico «ha sempre avuto l'ultima parola» nella storia degli ultimi secoli, come ha fatto notare sull'*Irish Times* il 20 marzo 2019 Ronan McCrea[5], costituzionalista e professore di diritto europeo allo University College di Londra.

Si tratta, dunque, di una forzatura molto pericolosa per la democrazia rappresentativa britannica, come ha fatto notare David Judge[6], professore emerito di Scienze Politiche all'Università di Strathclyde, sul sito della London School of Economics. Anzi, riprendendo proprio le parole di McCrea, la Brexit è stata la dimostrazione che «la costituzione non scritta del Regno Unito non è compatibile con la democrazia referendaria. Anche se l'uscita dall'Ue venisse cancellata, la politica ultra-partigiana che questo processo ha generato ha già resto comunque ineffettiva la costituzione britannica a lungo termine». Insomma, la Brexit, scrive McCrea, forse «ha già quasi ucciso la Costituzione del Regno Unito».[7]

Regno Unito o Stato fallito?

Vernon Bogdanor del King's College di Londra ha scritto che «la Brexit sta spingendo la costituzione ai suoi limiti, per questo ne serve una nuova scritta, altrimenti si rischia la distruzione».[8] Per esempio, l'ultima volta che un premier o un sovrano d'oltremanica si è opposto duramente al parlamento, sospendendolo in maniera così brutale, fu Carlo I, che per questo fece esplodere la guerra civile inglese nel 1642, per poi essere decapitato dai suoi oppositori nel 1649.

Andrew Rawnsley, storico commentatore dell'*Observer*, aveva scritto che una cosa simile avrebbe fatto precipitare il Paese nella «più oscura crisi della nostra storia recente».[9] L'ex premier John Major, uno che tra l'altro ce l'ha con Johnson da quando quest'ultimo era corrispondente da Bruxelles negli anni Novanta e gli aizzava contro gli euroscettici del partito conservatore, ha portato Boris davanti alla Corte Suprema per la sospensione del parlamento, vincendo la causa insieme all'attivista Gina Miller il 24 settembre. Anche questo è qualcosa che un ex premier non aveva mai fatto prima.

Johnson, attraverso i suoi collaboratori più loquaci con i giornalisti, ha persino minacciato di non lasciare Downing Street anche se venisse sfiduciato dal parlamento, cosa che nel Regno Unito dopo il 1945 è capitata una sola volta, il 28 marzo 1979, a Jim Callaghan e alla sua malaticcia maggioranza laburista affondata per un voto da una mozione di Margaret Thatcher. O perlomeno, Johnson non uscirebbe subito di scena, sgranocchiando così qualche giorno in più al calendario parlamentare britannico e rimuovendo ogni ostacolo alla Brexit dura teoricamente fissata al 1° novembre.

Qui risiede l'incredibile paradosso. Curiosamente, anche dopo un voto di sfiducia, non c'è scritto esplicitamente da alcuna parte nella «matassa costituzionale» britannica che il premier debba dimettersi. Sinora, il capo del governo sfiduciato lo ha sempre fatto. Ma se Johnson decidesse di non farlo dopo aver indetto le elezioni? In teoria, nessuna legge glielo imporrebbe. L'unica che potrebbe costringerlo ad andarsene sarebbe la regina. Ma, paradosso del paradosso, secondo un'altra storica convenzione non scritta, il sovrano non è mai intervenuto in questo modo nella scelta del capo del governo, così come per convenzione non respinge mai le leggi del parlamento, anche se in teoria in qualche codicillo questo potere le viene attribuito. Un effetto domino che, convenzione dopo convenzione, potrebbe erodere i pilastri della democrazia britannica come l'abbiamo conosciuta sinora e farla assomigliare sempre di più a un parlamento di scimpanzé, come nella celebre opera del misterioso e visionario artista di strada inglese Banksy.

Ogni giorno i vari costituzionalisti esprimono un'idea spesso tra loro diversa sui vari dilemmi che ultimamente pone il comportamento di Johnson, proprio perché ogni norma o convenzione può essere interpretata o, peggio, smentita: lo stesso speaker della Camera John Bercow, qualche settimana prima di rifarsi all'*Erksine May*, aveva infranto una tradizione, e cioè aveva concesso all'opposizione la facoltà di dettare l'agenda parlamentare e le votazioni delle leggi, cosa convenzionalmente riservata solo all'esecutivo. Anche qui, le varie scartoffie costituzionali spesso non stabiliscono con precisione chi abbia maggiore influenza tra parlamento e governo, e quindi il presidente della Camera dei Comuni ha un potere quasi assoluto nel favorire l'uno o l'altro organismo.

È anche vero che l'attuale costituzione britannica, sviluppatasi soprattutto dall'Act of Union del 1707 che ha unito Inghilterra, Galles e Scozia (e poi successivamente l'intera isola d'Irlanda nel 1808), è estremamente flessibile. E sinora, in questi 300 anni senza guerre civili né colpi di Stato (a parte la questione irlandese), ciò è stato sicuramente un pregio, a differenza della «vetocrazia» generata, secondo il grande storico statunitense Francis Fukuyama, dalla rigida costituzione americana.[10] Ma secondo l'*Economist* del 30 maggio 2019, questa è solo una tragica illusione: la furia della Brexit ha ormai posto «dei candelotti di dinamite costituzionale sotto il Regno Unito e ora», qualsiasi cosa accada, «è molto difficile che possano essere disinnescati».[11] «È molto probabile» continua il settimanale britannico in uno dei suoi tipici articoli non firmati, «che la costituzione britannica, sinora reputata adattabile ma allo stesso tempo robusta, amplificherà invece il caos, le divisioni e la minaccia all'unità» del Regno Unito, «scandalosamente impreparato», come abbiamo visto in precedenza.

Sembrano esagerazioni, ma evidentemente non lo sono. Nell'agosto 2019, Chris Patten, ultimo governatore britannico di Hong Kong e uno dei più importanti diplomatici e politici oltremanica, ha scritto un editoriale dal possente titolo: "Il Regno Unito sta diventando uno Stato fallito?". Stato fallito. Come se fosse un Paese disastrato come la Somalia. Ma secondo lord Patten questo paragone è azzeccato: «I failed States sono spesso stati una caratteristica del mondo in via di sviluppo, dove le istituzioni non hanno radici profonde. Ma, vista la gravità dei danni alle istituzioni britanniche causata dalle bugie della Brexit, è giusto preoccuparsi: il nostro Paese potrebbe presto ridursi a una dittatura da quattro soldi».[12]

7
La profezia di Robert Harris

Oltre a essere uno dei più grandi scrittori inglesi viventi, Robert Harris è un eccellente analista politico, anche su Twitter. I suoi tweet ricevono ogni volta centinaia, migliaia di like e condivisioni, sia per le sue innate capacità scrittorie pur confinate in meno di duecento caratteri, sia perché Harris ha una rara capacità di analisi contemporanea, una lucidità che interseca l'acume della storia, sua grande passione, senza rinunciare allo humor inglese e a qualche parolaccia.

Il 28 luglio 2019 Harris risponde a chi su Twitter gli elenca il «gabinetto di guerra» del nuovo governo Johnson, pieno di brexiter di ferro: «Il gabinetto di guerra di Churchill era bipartisan e aveva come obiettivo toglierci dalla merda. Questo di oggi invece è solo un mucchio di ultras che vogliono lasciarci nella merda».

Oppure il 10 luglio: «Faccio le mie più sentite condoglianze al vecchio partito conservatore, con il quale sono cresciuto: responsabile dal punto di vista fiscale, pragmatico, pro-business, censore morale, l'adulto che scocciava noi bambini mentre giocavamo. Ora è diventato come un preside scappato con la rappresentante degli studenti!».

E ancora prima, il 24 giugno: «Ho ascoltato Boris Johnson alla Bbc e mi è venuto in mente l'ultima parte del diario di Orwell, quando dice di ascoltare "delle voci dell'alta classe inglese...". E che voci! Una sorta di bulimia, una fatua fiducia in se stessi, un costante bah-bah di risate sul nulla. Non ci stupiamo poi se tutti ci odiano così tanto...».

Ma Robert Harris, classe 1957, già giornalista e autore di straordinari thriller, romanzi politici e storici come *Fatherland*, *Enigma*, la trilogia su Cicerone, *Monaco*, *Pompei* e *Il ghostwriter*, da cui Polanski ha tratto il suo *L'uomo nell'ombra* sulle limacciose connessioni tra Blair e gli Stati Uniti, non ce l'ha solo con Johnson e quella che lui considera la tragica decadenza dei conservatori. Ce l'ha con tutta la classe politica britannica di questi ultimi anni.

Per Harris «abbiamo la classe politica più disastrosa e inetta di sempre, nel momento peggiore: un partito conservatore ostaggio dell'estrema destra, il Brexit Party di Farage invischiato in torbidi legami russi e un partito laburista in mano ai marxisti come Corbyn. Mi vergogno e inorridisco, perché la Brexit non è l'epilogo di un processo che ha destabilizzato l'Europa e gli Stati Uniti negli ultimi anni. È molto peggio. È l'inizio del caos, non solo nel Regno Unito. Per tutti».

Conosco Robert da anni e ogni tanto prendo il treno da Londra e vado a pranzo con lui nella sua Kintbury, West Berkshire, un centinaio di chilometri a ovest della capitale. Spesso, quando ci vediamo, pur col suo sorriso da attento bon vivant e la sua calma intelligente, dà sfogo all'amarezza e al pessimismo per il futuro del Regno Unito e dell'intero Occidente, tutto per colpa della Brexit.

«Abbiamo vinto due guerre mondiali, il nostro impero coloniale si è dissolto con pochi problemi, la nostra economia è stata sempre prospera» mi racconta mentre gusta il pollo e un ricco bicchiere di vino rosso. «Ma ora penso che questa fortuna ci stia abbandonando.» Perché, gli chiedo? «Per la nostra arroganza, per la nostra incoscienza. Ora ne pagheremo le conseguenze. Molta prosperità l'abbiamo ottenuta negli anni grazie al Mercato comune europeo, al cui disegno abbiamo partecipato anche noi, e ora non possiamo andarcene indenni. I britannici credono di essere una nazione straordinaria, c'è un marcato senso di superiorità tra di noi, per le guerre vinte, o perché pensiamo che le nostre istituzioni siano le migliori e quindi tendiamo a imparare poco dalla vita. Spero di sbagliarmi, spero che la Brexit sia un processo indolore. Ma il mio istinto mi dice che andremo incontro a tempi difficili. Ci attendono tempi duri, famiglie sempre più spaccate, amici diventati nemici.»

Un secondo referendum, a questo punto, sarebbe il male minore secondo Harris. «Tutto ciò che può fermare la Brexit va bene, quindi ben venga un secondo referendum. Magari verrà confermata l'uscita, ma almeno accetteremmo il risultato. Il *Leave* ha vinto nel 2016 perché non era stato raccontato nello specifico cosa sarebbe successo, che cosa avrebbe significato lasciare il Mercato comune europeo. Ma ora le cose sono cambiate. Il Paese è profondamente diviso.»

Ma c'è chi dice che sarebbe una violazione della democrazia, che cancellerebbe il voto popolare precedente. «Ma la democrazia non è mai ferma» replica Harris. «Non c'è motivo per cui solo il voto del 2016 possa essere l'unico valido. Più in generale, credo che il Regno Unito sia sempre stato un Paese fortunato. O almeno lo è stato sinora.»

Su Boris Johnson e i brexiter conservatori lo scrittore ha un'opinione impietosa: «Sono mossi da ambizioni personali più che dal bene della nazione. Sai che cosa mi ricordano? I patrizi della fine dell'impero romano che cercarono di far rivoltare il popolo contro le élite. A Roma finì malissimo.» E andrà così anche in Regno Unito? «Molto probabilmente sì. È plausibile che non ci sarà alcun accordo sulla Brexit e allora in quel caso il caos sarà prossimo. Molte persone non si interessano alla Brexit, ma lo stesso accadeva poco prima della Guerra mondiale del 1915-1918. Poi, quando le emozioni e la psicologia presero il sopravvento, interessò tutti. Lo scenario peggiore sarà questo: Brexit disordinata, caos che si espande, collasso del governo britannico, nuove elezioni, possibile nuovo governo di Jeremy Corbyn, magari muore anche la regina, ulteriori difficoltà economiche e governo autoritario di estrema destra. Il precipizio sarebbe quasi inevitabile.»

Addirittura, gli faccio io. Ma Harris è convinto di quello che dice. Non ha dubbi: «Oramai tutta l'Europa sta passando a destra. È successo in Italia, sta succedendo in Francia e anche in Germania. I prossimi forse saremo noi. Brexit non è la fine di un processo che sta avendo luogo qui. La Brexit è solo l'inizio: è uno dei volti di un fenomeno globale contro l'automazione, l'immigrazione e il capitalismo che dopo la Seconda guerra mondiale ci ha donato prosperità. La Brexit è il sintomo di tutto questo, non la causa.» Su questo punto ci torneremo, nel capitolo finale.

«Il Paese è spaccato in ogni sua parte» confessa Harris. «Sono molto pessimista. Quando il Regno Unito si staccherà dall'Europa continentale e l'America abbandonerà l'Europa, potrebbe capitare qualcosa di orrendo e allora tutto sarà possibile. Anche alleanze inconsuete, come con la Russia di Putin: basta vedere quello che già fanno i populisti di destra in Europa. La storia si ripete, dopo settant'anni di stabilità può tornare un terremoto. La situazione di oggi, da un punto di vista storico, mi ricorda il 1910-1914. Ci sono gli stessi ingredienti: sommossa sociale, temi come l'Irlanda e diritti delle donne tornati alla ribalta e una rivoluzione tecnologica di un impatto simile. È facile che tutto venga giù.»

Passiamo a Corbyn. Il giudizio è impietoso, devastante. «È una voce del passato, ostico nei confronti dell'Unione Europea, a favore della Brexit, anche se non vuole dirlo apertamente» commenta seccamente Harris. «È un vecchio ma nuovo, molto inglese a livello tradizionale, per come mangia, come si veste, come prende la metropolitana. Ma non abbiamo mai avuto un leader di sinistra radicale così forte, neanche con Attlee. In questo il centrosinistra ha tante colpe, perché ha mollato la classe operaia per concentrarsi esclusivamente sulla classe media.»

Robert, secondo te Corbyn è antisemita? «Corbyn è incastrato nell'ideologia della sinistra del secolo scorso, pensa che Israele sia una marionetta degli Stati Uniti e via dicendo. Non è personalmente un antisemita, ma la sua visione del mondo è antisemita. In Regno Unito ci sono sette milioni di musulmani, e soltanto trecentomila ebrei scarsi: gli conviene anche dal punto di vista politico. Corbyn e i suoi amano i terroristi. Due giorni dopo l'attentato sventato a Thatcher [nel 1984, N.d.R.], Corbyn invitò i rappresentanti dell'Ira in parlamento, è andato sulle tombe dei terroristi palestinesi del Settembre Nero, ha esitato sulle responsabilità della Russia dopo Salisbury, per cui sono necessarie nuove sanzioni. Corbyn è affascinato dalla violenza politica.»

A questo proposito, Harris è molto pessimista anche sulla questione irlandese, il vero nodo della Brexit e tema cruciale per il futuro dell'isola e della fragile pace raggiunta: «Anche qui potrebbe tornare il caos. L'Irlanda è il peccato originale del Regno Unito, come la schiavitù per gli Stati Uniti. La pace è arrivata anche grazie all'Unione Europea. Se tornasse il confine potrebbero sicuramente tornare le tensioni. Il conflitto è esploso alla fine degli anni Sessanta, dopo decenni di pace, e ora potrebbe succedere la stessa cosa. Da lì il passo è breve per la disgregazione del Regno Unito. In Scozia ha ricominciato a circolare la tentazione dell'indipendenza».

Theresa May intanto è andata via, ma non ha lasciato un buon ricordo. «Il suo più grande errore è stato far finta di essere una brexiter. Una farsa, ora diventata tragedia. Non credeva neanche lei nella Brexit. Ha commesso errori disastrosi. Non ha talento politico. Nessuno vuole rimanere da solo con lei in una stanza, perché non ha carisma, non scalda i cuori, né quelli dei suoi colleghi né quelli dei suoi elettori. È circondata da collaboratori che la considerano una traditrice della Brexit. È tutto folle, è una psicosi collettiva, per cui ognuno cerca di convincersi di un mondo che non esiste».

«Ma del resto la politica non è logica» conclude Harris, «è una delle cose più irrazionali. Non è fisica, è biologia. Ecco perché sono molto pessimista. Soprattutto se in questo Paese passasse l'immagine del Regno Unito bullizzato da Francia e Germania, come è già parzialmente accaduto, ci potrebbero essere conseguenze molto pericolose. Questo Paese ha perso la sua calma, la sua ironia, tutto il suo aplomb. Siamo diventati come un adolescente folle, sguaiato, capriccioso, arrabbiato, rivoluzionario. Questa è una delle cose più tragiche per me. Oramai guardi il tuo vicino e l'unica cosa che pensi di dirgli è: "Anche tu al referendum hai votato per questa merda"».

8
La classe politica «peggiore di sempre»

Theresa May «stella della morte» e una breve storia dell'euroscetticismo britannico

«Theresa May, mi dicono – in alcuni casi anche urlando – è la "stella della morte" della politica britannica. È la teoria dell'antimateria incarnatasi in una persona. È un buco nero politico perché niente, nemmeno la luce, può sfuggirle. Idee, principi, suggestioni, obiezioni, approfondimenti, proposte, progetti, fedeltà, affetti, fiducia, intere carriere, uomini e donne reali: tutto è risucchiato in quel vuoto orrido che è oggi Downing Street. E niente riesce a liberarsi e scappare via. Reputazioni andate in fumo per colpa sua. Allarmi ignorati. Piani architettati da lei senza dire niente a nessuno. Messaggi senza risposta. Theresa May è diventata l'antipersona di Downing Street: una porta chiusa in un corpo umano».[1]

Quando l'editorialista Matthew Parris del *Times*, giornale conservatore, ha schiaffeggiato così la reputazione e l'onore dell'allora premier Theresa May, era chiaro che i giorni di quest'ultima fossero oramai contati. Non tanto per la violenza dell'articolo quanto per i particolari, che arrivavano evidentemente da Downing Street.

La «stella della morte» Theresa May è un altro personaggio controverso della politica britannica. Donna fredda, austera, spietata e cattiva quando necessario, è anche stata un politico con un grande senso delle istituzioni. Figlia di un pastore anglicano, secchiona a scuola e poi severo e inflessibile ministro dell'Interno, May all'estero è stata più volte lodata per la sua resilienza politica, come il «cavaliere nero» dei Monty Python, al quale più vengono mozzati gli arti e più si agita per continuare a combattere. Questo è stato un altro grande difetto di Theresa May: un'acuta cocciutaggine, che nel suo caso ha portato a un inglorioso fallimento.

Ma certo, ci sono due scusanti per la predecessora di Boris Johnson. La prima: Theresa May, che pure aveva fatto campagna nel 2016 per la permanenza nell'Ue dopo molte esitazioni, ha ereditato una situazione tra le più complesse e roventi nell'Occidente del dopoguerra, come abbiamo spiegato. Il suo senso di responsabilità non ha pagato, come non ha pagato la sua testarda reclusione intellettuale e politica nel voler forzare un accordo sulla Brexit in parlamento quando forse sarebbe stato meglio mettere alle corde le opposizioni e cercare un accordo bipartisan a metà del percorso (e non alla fine del mandato).

La seconda scusante per May è che lo scisma interno al partito conservatore sui rapporti con l'Europa è una maledizione atavica, che va avanti da decenni. E quello che è successo a Theresa May è una patologia politica dovuta allo stesso virus, mai debellato, che ha affossato David Cameron e che ancora prima ha tormentato le carriere di due colossi dei tory come Margaret Thatcher e John Major. Piccolo ma significativo esempio: uno dei conservatori euroscettici più feroci, il vetusto Jacob Rees-Mogg, è figlio di un altro storico antieuropeista dell'era Major, William Rees-Moog.

L'Europa è sempre stata vista dai conservatori britannici (ma non solo, come vedremo) come la nemesi dell'impero britannico, uno stato sovranazionale che, guarda caso, è salito alla ribalta proprio mentre il British Empire iniziava a perdere pezzi e prestigio. Conciliare le due entità, Commonwealth incluso, non è mai stato semplice, soprattutto per quanto riguarda le regole commerciali e i «favori» cui era tenuta Londra nei confronti delle nazioni alleate che spesso sbattevano contro i parametri europei: «Per gli inglesi, europeo doveva significare imperiale» ha scritto lo storico e diplomatico americano Benjamin Gobb-Fitzgibbon.[2]

La storia, del resto, è anche questione di tempismo, oltre che di destino: quando il Regno Unito è entrato nella Comunità economica europea (la Cee, prologo dell'Unione Europea), proprio in quel momento il Vecchio continente ha frenato la sua clamorosa crescita dei precedenti decenni postbellici per una cattiva congiuntura economica, su tutti la guerra dello Yom Kippur e la crisi petrolifera degli anni Settanta. Così Londra è arrivata a festa finita, non ha mai spartito con gli altri Stati membri l'unità e la crescita vertiginosa degli altri Paesi fondatori dell'Europa.

L'economista irlandese Kevin O'Rourke ha scritto un libro essenziale e straordinario sull'argomento, *A Short History of Brexit: From Brentry to Backstop*. O'Rourke nota che, a ben vedere, persino le celebrazioni belliche, come il ricordo dei caduti della Prima guerra mondiale, in Regno Unito sono una cerimonia molto intima, isolazionista e, a differenza degli altri Paesi occidentali, «non vengono citati i sacrifici di francesi, russi, americani o italiani durante le manifestazioni al London Cenotaph della seconda domenica di novembre. Nella maggior parte dei Paesi, l'eredità della guerra ha cementato l'integrazione europea. Questo non è successo nel Regno Unito».[3]

Quella tra Regno Unito ed Europa è da sempre una storia di incomprensioni, ripicche, litigi, ribaltoni. Dopo la Seconda guerra mondiale, «l'ora più buia» e la sua clamorosa cacciata dal governo alle elezioni post belliche, l'ex premier Winston Churchill e idolo del successore Boris Johnson – è il settembre 1946 – invoca addirittura la «costruzione degli Stati Uniti d'Europa»: «Il primo passo deve essere una nuova creazione di una famiglia europea con la Germania e la Francia!». Secondo Churchill un'Europa unita era assolutamente compatibile con il Commonwealth e l'impero.[4] Anzi, lanciò l'idea di un Consiglio europeo, un parlamento senza grandi poteri legislativi e persino una moneta unica. Profeta in patria, tutti i sogni di Winston Churchill si sarebbero realizzati di lì a pochi decenni.

Ma quei sentimenti sono presto evaporati. Il Regno Unito ha partecipato a questi progetti in ritardo, oppure vi ha rinunciato, vedi la moneta unica. Per vari motivi: quando nel 1950 si pensò alla Comunità europea del carbone e dell'acciaio, per esempio, Londra era inclusa nei Paesi fondatori con un ruolo importante, ma successivamente Jean Monnet preferì puntare su un asse franco-tedesco perché venne a sapere che alle elezioni politiche britanniche di quell'anno nessun candidato praticamente parlò dei progetti europei.[5]

Per Londra fu uno shock, ma neanche troppo. Perché all'epoca i laburisti al governo – sindrome che è rimasta più o meno intatta sino all'attuale leader Jeremy Corbyn – avevano appena nazionalizzato l'industria del carbone e quindi vedevano di cattivo occhio l'integrazione europea su questi argomenti. I dazi in comune, e quindi successivamente le varie unioni doganali di vario tipo, secondo molti a Londra in conflitto con i legami commerciali imperiali, fecero il resto. L'assenza di Londra dai Trattati di Roma del 1957 e dal prototipo del mercato comune di oggi, pietra miliare dell'Europa odierna, è una congerie di tutte queste cause, sospetti e diffidenze.

Questo ennesimo peccato originale della Brexit verrà poi solo apparentemente sfatato con l'ingresso del Regno Unito nell'Ue. Curiosamente, negli anni Sessanta e Settanta, erano i conservatori a essere in grande maggioranza europeisti perché nel progetto europeo vedevano un nuovo, forse più rigoglioso Commonwealth, mentre per i laburisti, centralisti e promotori di ampie nazionalizzazioni, «era il blocco più euroscettico di tutti»[6]. Ma poi vennero i due veti del generale francese Charles de Gaulle, l'ultimo nel 1967, perché vedeva Londra come una minaccia nei confronti della posizione francese, un po' come fece poi Thatcher nei confronti della «pericolosa» Germania unita. In ogni caso, l'economia britannica iniziava a soffrire della depressione produttiva, aveva bisogno di nuovi sbocchi e questo convinse persino il leader laburista ed euroscettico Harold

Wilson, che nonostante la maggioranza dei deputati del Labour votò contro l'adesione alla Cee nel 1971, andando comunque in minoranza. Nel gennaio del 1973 era tutto fatto: il Regno Unito era finalmente entrato in Europa[7], scelta confermata a grande maggioranza da un referendum popolare che, all'epoca, sostenne con grande favore (67,2 per cento) la svolta europeista.

Di lì è storia piuttosto nota. Nel 1976 il governo laburista (prima Wilson e poi Callaghan) – per la pessima congiuntura economica sovramenzionata – è costretto persino a chiedere un prestito al Fondo monetario internazionale. Margaret Thacher ha la strada spianata a Downing Street: ha votato per l'Europa nel referendum del 1975, ma è chiaro che l'atteggiamento euroscettico ereditato dai laburisti non cambia, anzi. Nel novembre 1979, durante un Consiglio europeo a Dublino, sarà la volta del suo famoso *I want my money back!*, «Rivoglio indietro i miei soldi!». Londra inizia allora a ottenere concessioni dall'Europa sul budget annuale e di lì comincerà una piccola guerra civile in cui la «lady di ferro» sarebbe stata sempre più critica – si veda il discorso di Bruges contro l'insistente integrazione di «un'Europa sociale», culto dei brexiter di oggi. Ma Thatcher cederà su altre cose, in primis l'adesione al mercato comune Ue, altro demonio degli euroscettici di oggi, che non solo rinvigorirà la balbettante economia britannica ma, come detto, risolverà il problema del confine irlandese ben prima degli Accordi del Venerdì Santo del 1998.

Ciononostante, Thatcher verrà irrimediabilmente logorata dalle faide interne ai conservatori sui rapporti con l'Europa, e lo stesso capiterà al successore John Major dopo l'approvazione del Trattato di Maastricht, per non parlare di Cameron, che già nel 2009, un anno prima di diventare premier, lancerà il macigno della necessità di un referendum sull'Ue. In mezzo, è stato il turno del laburista Tony Blair che nei suoi dieci anni da premier (1997-2007) col tempo è diventato il leader più europeista di tutti (agli inizi non era così), ma ancora oggi, ogni volta che ho l'occasione di incontrarlo, si tormenta sempre con lo stesso errore: non la guerra in Iraq, bensì non aver limitato i flussi migratori dai Paesi dell'Est Europa, quando nel 2004 la Polonia e gli altri entrarono in Ue, sfruttando la libera circolazione del mercato unico. Da allora, secondo Blair, dopo alcuni anni di grande prosperità e *Cool Britannia*, l'euroscetticismo è tornato prepotente. «La Brexit è anche colpa mia» ripete sempre.

«Borisconi» e l'Italia del 1994: un confronto

Se la tempesta e i demoni della Brexit si potranno presto espandere in Italia e nell'Europa continentale, contestualmente il Regno Unito sta subendo una piccola berlusconizzazione del Paese, una sorta di Seconda repubblica, se gli inglesi non avessero la monarchia, per vari motivi.

Il primo di essi: sì, Boris Johnson somiglia a Berlusconi, per il suo humor contagioso, per la sua istintività che lo porta a commettere molte gaffe, per i suoi inni alla positività contro le cassandre della sinistra, per la sua rinomata attrazione per le donne, per le forzature alle convenzioni democratiche in nome di scopi personali, per la ventata di novità che ispira dopo un *ancien régime* cupo e tormentato come quello di Theresa May, per essere lo spartiacque tra due epoche basilari della storia del proprio Paese.

Tra l'altro, da direttore della rivista conservatrice *Spectator*, Johnson intervistò persino il suo alter-ego nel 2003, in una conversazione che fece il giro del mondo, perché fu in quella circostanza che Berlusconi disse: «Mussolini non ha mai ammazzato nessuno, Mussolini mandava la gente a fare vacanza al confino».

Johnson condusse quell'esplosiva intervista insieme all'amico e collega Nick Farrell, giornalista italo-inglese, che ha ricordato quel giorno in un esilarante articolo sul *Giornale*[8]: «Siamo andati insieme in Sardegna a Villa Certosa, nel 2003, per intervistare Berlusconi come Stanlio (io) e Ollio (lui)» scrive Farrell. «Appena l'ho visto mi sono subito messo a ridere. Si era vestito come un esploratore inglese dell'Ottocento: indossava una giacca beige con sotto la camicia e la cravatta, ma poi indossava dei bermuda kaki, dei calzini alti quasi fino alle ginocchia e ai piedi aveva un paio di sandali». E ancora: «Boris stesso mi fa venire in mente Berlusconi. Fisicamente sono molto diversi *of course*, come lo sono dal punto di vista dell'abbigliamento. Boris è iper-trasandato, Berlusconi iper-ordinato. Sono sì donnaioli entrambi, ma soprattutto sono entrambi ottimisti e hanno un'energia positiva che si trasferisce a chi sta loro attorno. Non solo: hanno anche una spiccata dote oratoria, capace di sedurre il grande pubblico. Fanno i buffoni, ma non lo sono. Dicono delle cose che mandano in tilt i giornalisti puritani, specialmente quelli di sinistra, e le cosiddette gaffes per me (e per tanti) li rendono solo più simpatici e più umani».[9]

Ma c'è un altro parallelismo molto importante che curiosamente lega il Regno Unito in piena tempesta Brexit al trapasso tra Prima e Seconda repubblica italiane: l'insostenibile debolezza dei suoi oppositori di sinistra. All'epoca, nel Bel Paese, dall'altra parte della barricata politica c'era un leader flebile e consumato come Achille Occhetto, che cercava faticosamente di modernizzare il dna della sinistra italiana da ultimo segretario del Partito comunista italiano e il primo segretario del Partito democratico della sinistra. Nel 1994, anno dell'ascesa definitiva di Berlusconi, questi con la sua verve alle elezioni spazzò via facilmente lui e tutta l'opposizione.

Johnson si prepara a fare lo stesso con Jeremy Corbyn, il settantenne leader del partito laburista, sempre più caduco e per molti suoi stessi colleghi inadeguato, a maggior ragione per affrontare il «ciclone Boris», anche se almeno la legge anti *No Deal* è riuscito ad approvarla. La premessa c'è stata il 25 luglio 2019 quando Johnson si è presentato, un giorno dopo le dimissioni ufficiali della sua predecessora Theresa May, per il primo *question time* in parlamento da nuovo premier britannico.

Quel giorno, l'attesa tra noi giornalisti parlamentari a Westminster è spasmodica. «Tutti in aula a mezzogiorno», «La prima volta di Boris» sono i messaggini che circolano sulla nostra austera chat privata su Whatsapp (in realtà ne abbiamo una seconda parallela, chiamata «Lobby Banter», per cose più frivole). Entriamo come scolaretti, uno a uno, in galleria, con il *door keeper*, una sorta di maggiordomo all'ingresso dell'aula vestito con una specie di frac, che controlla i pass e consegna l'agenda giornaliera del parlamento.

Johnson inizia in maniera molto istituzionale («Voglio ringraziare il mio predecessore Theresa May per il suo lavoro svolto» eccetera), ribadisce il suo indiscutibile impegno ad abbandonare l'Unione Europea il 31 ottobre senza se e senza ma e poi, dopo la convenzionale risposta del leader dell'opposizione al suo discorso iniziale, Boris inizia a dilaniare politicamente Jeremy Corbyn, che frase dopo frase pare sgonfiarsi sempre di più sul suo sedile. «Siamo noi il partito del popolo!», «Fai ancora comparsate alla tv pubblica iraniana?», «Basta con la vostra cricca di mezzi marxisti!», «Vuoi tassare persino i giardini dei britannici!».

Non c'è storia: lo travolge con la sua retorica irresistibile, con il suo *wit* shakesperiano, con il suo lessico eccentrico e ricercato, mentre il povero leader laburista prova a rispondere, accenna qualche sbraito, ma poi si rinsecchisce come un uccellino infreddolito. John McDonnell, l'elegante ex marxista e potentissimo braccio destro di Corbyn, 67 anni di Liverpool e Cancelliere dello scacchiere ombra (potenziale ministro delle Finanze), diventa sempre più paonazzo, preda di una rabbiosa agnizione della sconfitta, si alza infuriato e si dirige verso l'uscita della Camera dei Comuni (gesto rarissimo a Westminster), poi, con il fegato roso da quel pingue Berlusconi biondo, torna sui suoi passi agitando sdegnato le braccia.

In quel momento, in aula, era tutto improvvisamente chiaro: come nell'insperata vittoria contro il sindaco di Londra uscente Ken Livingstone «il rosso» nel 2008, a meno di clamorose sorprese contro il Labour ultra-socialista di Corbyn, Johnson stravincerebbe anche alle imminenti elezioni politiche nel Regno Unito. Come fece Berlusconi contro una derelitta e spaesata opposizione nel 1994, contro «i comunisti che vogliono distruggere l'Italia».

Compagni che sbagliano: il caso Jeremy Corbyn

Sin dalla sua elezione a leader del Labour il 12 settembre 2015, Jeremy Corbyn ha rappresentato una grande speranza per i laburisti britannici e per la sinistra europea. Un attempato sol dell'avvenire come Bernie Sanders negli Stati Uniti: enorme attenzione alle disuguaglianze sociali e alla difesa dell'ambiente, lotta alla finanza rapace e alle multinazionali che non pagano le tasse in Occidente, denuncia degli spaventosi livelli di povertà infantile per un Paese ricco, colto e prospero come il Regno Unito, istruzione libera e gratuita per tutti, la promessa di uno Stato più presente e pesante contro le liberalizzazioni selvagge del suo predecessore da leader del partito Tony Blair, guerra al razzismo, all'intolleranza e all'islamofobia, un rinnovato culto della classe operaia e del multiculturalismo, un'alleanza massiccia insieme ai sindacati.

Tutto questo ha provocato un siderale aumento di iscritti al partito laburista dopo l'arrivo di Corbyn: circa 570mila nel dicembre 2017 (rispetto ai 200mila scarsi dello stesso mese nel 2014) e un riavvicinamento di molti alla politica e al perseguimento del bene comune.

Così Corbyn, con quell'aria da *Il pane e le rose*, con quella narrativa e quei proclami così affini ai film socialisti di Ken Loach, con quella coppola quasi sovietica, ha conquistato negli anni scorsi soprattutto i giovani e il movimento radicale under 30 «Momentum», i lavoratori manuali soprattutto al nord dell'Inghilterra, una buona fetta di classe media liberal e/o benestante, e poi intellettuali, accademici, studenti, artisti.

Fino a diventare la star di Glastonbury nel 2017, quando sale sul palco invitato del più grande e celebre festival musicale d'Europa, trasportato dai roboanti cori da stadio: «Ooohhhhhhh Jeremy Cooooorbyn, ooooooohhhh Jeremy Cooooorbyn!». E lui, settantenne di un altro secolo, visibilmente toccato e incredulo di tutto quell'affetto dopo le umiliazioni e gli schiaffoni subiti per decenni in politica e dal suo partito allora riformista, con la giovane camicia azzurra fuori dai pantaloni, come un novello e ricercato strafigo, cita i poeti romantici inglesi alla folla, e poi decanta *La mascherata dell'anarchia* di Percy Bysshe Shelly, che include il suo celebre slogan *For the Many, not the Few*:

> Levatevi come leoni dopo il torpore
> in numero invincibile,
> fate cadere le vostre catene a terra
> come rugiada che nel sonno sia scesa su di voi.
> Voi siete molti, essi son pochi!

Pubblico in delirio. Milioni di persone che lo adorano. La benedizione della folla per arrivare, finalmente, a Downing Street.

E invece.

Da quel sogno di pomeriggio di mezza estate del 28 giugno 2017 sono cambiate molte cose per Jeremy Corbyn.

Pian piano il leader laburista e socialista ha riesumato tutti i suoi vecchi difetti politici, spesso aggravati da cocciutaggine e rigidità ideologica imbarazzanti. Difetti, anche puerili, che in passato lo avevano naftalinizzato, come la promessa di non cantare l'inno nazionale qualora diventasse premier. Con l'eruzione di varie crisi internazionali negli ultimi anni, in politica estera Corbyn ha confermato le sue posizioni spesso controverse, dopo che in passato già aveva mostrato un'eccessiva vicinanza ai terroristi dell'Ira (che invitò in parlamento nell'ottobre del 1984 due settimane dopo l'attentato alla conferenza del Partito conservatore di Brighton), agli «amici» di Hezbollah e di Hamas[10], oltre a dubbie comparsate sulla tv di stato iraniana per criticare l'Occidente cattivo.[11]

Negli ultimi tempi invece, dimostrando di essere spesso incastrato ancora in schemi ideologici del secolo scorso, Corbyn ha perseguito equidistanza sulla deriva autoritaria del Venezuela di Maduro[12], ha mostrato una reazione considerata troppo morbida[13] contro la Russia di Putin, dopo il clamoroso attacco al Novichok subito dall'ex spia russa Sergej Skripal e sua figlia a Salisbury in cui sono evidentemente coinvolte spie russe legate al Cremlino (si vedano gli scoop di Bellingcat).[14] Russia tra l'altro non nuova a essere coinvolta in altri vergognosi avvelenamenti, anche sul suolo britannico, come per il caso Litnivienko.

C'è poi il gravissimo scandalo dell'antisemitismo nel Labour, una piaga che, almeno a vedere i presunti casi denunciati, con la sua leadership si è aggravata costantemente. Per i suoi critici, la colpa è di Corbyn, vecchio e strenue difensore della causa palestinese ed estremamente critico verso Israele e le sue politiche. Lui smentisce tutto e promette ogni volta di fare piazza pulita degli antisemiti nel partito. Ma varie inchieste giornalistiche nel Regno Unito, come quella della Bbc del luglio 2019, mostrerebbero come gli alti vertici del Labour più di una volta abbiano cercato di insabbiare alcuni casi per sgonfiare lo scandalo pubblico, creando un clima pesantissimo all'interno del partito, tanto da far scappare diversi lavoratori e membri di religione ebraica.[15] Diversi esponenti apparentemente antisemiti del labour sono rimasti al loro posto, mentre un europeista come Alastair Campbell (l'ex spin doctor di Blair, mai sopportato da Corbyn) è stato cacciato per un voto di «protesta» a favore dei lib-dem.[16] Anche in questo caso il partito difende tutta la bontà del suo operato.

Ma c'è un altro aspetto di Corbyn che ha deluso molti suoi (ex) sostenitori: il suo presunto antieuropeismo ed euroscetticismo. Qualcosa di non inedito nel partito, come abbiamo visto in precedenza.

Nonostante le apparenze da alfiere dell'internazionale socialista, Corbyn è uno dei leader più isolazionisti degli ultimi decenni. È un inglese *d'antan*, ex marxista, che veste molto spartanamente, uno dei suoi pochi hobby o vizi è il pollice verde nel suo giardino sul retro di casa, molto tradizionalista seppur antagonista, estremamente ideologico e sin dai primi anni in politica apertamente euroscettico: si è sempre espresso contro il progetto europeo fin dai suoi inizi, nel 1975 ha votato contro l'ingresso del Regno Unito nella Comunità economica europea, ha costantemente criticato la Nato, la difesa militare occidentale e gli Stati Uniti.

Infatti in passato ha detto:

«Con il Trattato di Lisbona l'Europa sarà schiava della Nato e creeremo un Frankenstein. Irlandesi, votate no al

La classe politica «peggiore di sempre»

referendum, non vogliamo vivere in un impero europeo!» (2009).

«Abbiamo una burocrazia europea cui non si può rendere mai conto» (1° ottobre 1996).

«Voglio un'Europa più democratica» (2015).

«Sì, sono stato critico nei confronti dell'Ue, ma ora il partito ha deciso: facciamo campagna per restare in Europa. Detto questo, lei mi chiede di ritirare i miei commenti fatti in passato? Mi spiace, non lo faccio» (campagna referendum Brexit 2016).[17]

«La Brexit è irreversibile».[18]

E proprio con la Brexit si pensava che Corbyn avrebbe espresso più vicinanza all'Europa.

Invece no.

Jeremy Corbyn è riuscito a diventare leader di un Labour allo sbando dopo la batosta delle elezioni del 2015 con Ed Miliband (anche lui di sinistra spinta) e contro l'allora premier David Cameron. Corbyn è andato clamorosamente alla guida dei laburisti nel settembre dello stesso anno, ottenendo il 59,5 per cento dei voti degli iscritti al partito, una percentuale mostruosa mai ottenuta prima da un leader di partito in Regno Unito al primo turno. Certo, le nuove regole che all'epoca facilitarono l'iscrizione al partito lo aiutarono, ma comunque un mandato a maggioranza così ampia non l'aveva raggiunto nemmeno Tony Blair nel 1994, che poi governò per tre volte consecutive, diventando il leader laburista più longevo di sempre a Downing Street.

Il Labour, durante le primarie di partito, con la sua dirigenza *ad interim* si era già parzialmente schierato a favore della permanenza in Ue riguardo al referendum per la Brexit, annunciato pochi mesi prima della vittoria di Corbyn, nel maggio 2015, e che si sarebbe tenuto pochi mesi dopo, il 23 giugno del 2016. Insomma, Corbyn trova una posizione già piuttosto definita, e i suoi proclami vagamente europeisti suonano a molti come un compromesso tra la sua anima euroscettica e la maggioranza del Labour a favore dell'Ue.

Quando però Jeremy Corbyn sale al potere, qualcosa cambia nel sentimento europeo visto fino a quel momento nel Labour di Blair e Brown. Molti dei suoi fedelissimi, dal suo braccio destro John McDonnell al suo stratega delle comunicazioni ed ex editorialista del *Guardian* Seumas Milne, sono storici euroscettici, di ispirazione marxista. Si dice che abbiano votato per il *Leave* al referendum. Corbyn guida la campagna per il *Remain*, cioè per restare in Europa, ma con poca convinzione e soprattutto senza mai esporsi personalmente. Rimarca costantemente: «Il partito ha deciso...».

Il capo della redazione politica del *Sunday Times*, Tim Shipman, nel suo definitivo *All out war*, raccogliendo molte informazioni riservate, ne fa un ritratto disarmante.

Corbyn e i suoi accoliti ostacolano più e più volte una sincera campagna per rimanere in Europa, sindacano su ogni dettaglio o comunicato o annuncio che possano inquadrarlo in un'ottica nettamente europeista, collaborano in maniera minima o per nulla con l'altra anima del *Remain*, cioè la campagna «Stronger In» organizzata dal premier conservatore David Cameron e da una parte del suo partito. Non solo: ai comizi Corbyn, pur dichiarando che il partito (non lui) ha deciso di votare contro la Brexit al referendum, centellina le parole a favore dell'Europa e quando ne spende di buone per l'Ue non lo fa mai a titolo personale, bensì perché «è la cosa migliore per l'economia» e altre dichiarazioni di rara aridità.[19]

La sera del referendum Corbyn scompare. Ancora oggi nessuno sa che cosa o che fine abbia fatto. Il giornalista Tom Bower ha pubblicato una cattivissima biografia dal titolo *Dangerous Hero: Corbyn's Ruthless Plot for Power*[20] («Un eroe pericoloso: il piano spietato di Corbyn per arrivare al potere»), in cui, raccogliendo testimonianze di conoscenti e della prima ex moglie Jane Chapman, lo ritrae come un uomo triste e rancoroso che ha fatto scappare le consorti chiedendo cibo in scatola e un'attitudine alla vita troppo spartana. Secondo Bower, la mattina dopo Corbyn si vede con pochi fedelissimi del suo staff «e fa colazione con loro, ridendo».[21]

Sarà vero? Chissà. Ma una cosa è certa. Quando il giorno dopo l'incredibile disfatta al referendum Corbyn riemerge dalle tenebre, è il primo a chiedere una Brexit immediata: «Ora si attivi il prima possibile l'articolo 50 del Trattato di Lisbona» dice, riferendosi cioè ai due anni di negoziati per l'uscita dall'Ue, che sarebbero poi terminati il fatidico 29 marzo 2019 mancato da Theresa May. Nessuno, neanche Farage e gli altri brexiter più feroci, quel mattino sono così solerti ad andare in tv e chiedere pubblicamente di accelerare la Brexit.

Una bizzarra urgenza che ha ovviamente rinfocolato tutti i sospetti sul suo mai sopito euroscetticismo e innescato la rivolta nel suo partito. Subito dopo il referendum, quasi tutto il gruppo parlamentare del Labour si scaglia contro di lui e protesta con una valanga di dimissioni, chiedendo a Corbyn di farsi da parte. Il vecchio leader non ci pensa nemmeno. Poi quasi cede, prepara le dimissioni, ma i suoi sodali come Milne lo dissuadono all'ultimo. Anche perché, secondo lo statuto del Labour, sono gli iscritti al partito che possono defenestrare un leader, non i parlamentari. E Corbyn ha ancora tanto sostegno nella base dei membri.

Dopo l'ottimo risultato alle elezioni del 2017, in cui fa mancare la maggioranza ai conservatori di Theresa May, Corbyn ha impilato fallimenti e la sua stella politica è decaduta, almeno per ora, per un motivo semplice.

La sua irriducibile ambiguità sulla Brexit ha eroso, settimana dopo settimana, tutto il suo consenso: fino all'estate 2019 Corbyn non ha mai fatto esplicitamente campagna né per un secondo referendum né contro la Brexit, per non alienarsi le comunità laburiste euroscettiche del Nord e delle Midlands, in gran parte (ex) operaie. Una tattica masochistica, perché i messaggi contrastanti del Labour per tranquillizzare allo stesso tempo l'anima eurofila e quella euroscettica del partito non hanno convinto nessuno e hanno fatto perdere una caterva di voti, in entrambi i fronti.

La punizione è arrivata alle europee del 2019, dove il Labour ha perso quasi ovunque, persino a Islington, cioè la circoscrizione londinese di Corbyn. Che così è riuscito nel miracolo di resuscitare innanzitutto i liberal-democratici, che sono arrivati alla miracolosa quota del 20 per cento arando nel campo europeista abbandonato a se stesso dal leader Labour. Nel frattempo Corbyn è diventato paradossalmente un bersaglio del redivivo Nigel Farage e del suo

Brexit Party, che ha trionfato alle europee con il 32 per cento anche rosicchiando l'elettorato euroscettico del Labour, bollando Corbyn come un «europeista in maschera» e accusandolo di volere un secondo referendum sulla Brexit, con i suoi segnali antitetici sull'Europa.

Alla fine, nell'estate 2019, Corbyn ha ceduto a un secondo referendum sulla Brexit da contrapporre a qualsiasi piano deciso dai conservatori, annunciando che in questa circostanza il Labour farà campagna per restare in Ue.

Ma se il Labour andasse al potere? Cosa farà con la Brexit? Il partito negozierà un patto con Bruxelles e poi ci sarà un referendum in cui sarà neutrale, ha deciso il Congresso di settembre 2019. Mi spiega lo spin doctor di Corbyn, Milne: «Noi non siamo un partito del *Remain*», cioè per la permanenza in Ue.

Corbyn, con questo referendum soft e la linea neutrale, pensa di trovare spazio vitale ponendosi tra i lib-dem – che nel settembre 2019 sono passati a una linea europeista estrema, cioè la revoca della Brexit – i conservatori di Johnson e il Brexit Party. Il problema però è che molti europeisti andranno a questo punto con i liberal democratici, mentre i brexiter di certo non voteranno, con un secondo referendum in gioco. Insomma, altri voti persi.

Sulla Brexit Theresa May – a torto – non gli ha fatto toccare palla per oltre due anni. Poi quando, disperata, gli ha chiesto aiuto e sono iniziati i colloqui per un impossibile accordo bipartisan, Corbyn e il suo fedele McDonnell hanno proposto un piano alternativo. Anche in questo caso, è riuscito nell'impresa di scontentare tutti: secondo il loro piano, il Regno Unito uscirebbe dall'Ue, ma allo stesso tempo rimarrebbe nell'Unione doganale e sarebbe allineato al Mercato unico europeo. Certo, è la soluzione meno drastica e, come dice giustamente Corbyn, «preserverebbe posti di lavoro, l'ambiente e la pace in Irlanda del Nord». Peccato però che, in un simile scenario, il Regno Unito resterebbe incastrato nell'Ue, perché non potrebbe stringere accordi commerciali con altri blocchi e allo stesso tempo dovrebbe continuare a sottostare alle regole Ue senza però avere più voce in capitolo.

Insomma, un'altra posizione del Labour che ha lasciato perplessi molti osservatori.

E non solo quelli.

Secondo un sondaggio Ipsos Mori del 20 settembre 2019, Corbyn ha perso enorme consenso dal luglio 2017 a causa del suo scialbo equilibrismo sulla Brexit: soltanto il 16 per cento dei britannici è soddisfatto del leader Labour, al contrario del 76 per cento che invece è deluso.[22] Per Ispos Mori, mai nella storia britannica un leader dell'opposizione ha avuto un grado di disaffezione così elevato.[23]

9
«Così abbiamo sfamato il coccodrillo che ci divorerà»

Il referendum sulla Brexit non è stato un singolo evento. È un processo, dalla coda lunga.

David Mundell, segretario di Stato per la Scozia nel governo May[1]

Oltre a essere stato il primo deputato conservatore a dichiararsi pubblicamente gay nel 2002, sir Alan Duncan è uno dei politici più acuti e navigati a Whitehall. Negli ultimi anni è stato viceministro dello Sviluppo internazionale (2010-2014, nel governo Cameron) e viceministro per l'Europa e le Americhe (2016-2019, nel governo May). Ha seguito, giorno dopo giorno, ora dopo ora, tutti gli sviluppi, le tragedie, lo psicodramma della Brexit, nei palazzi governativi, in quelli europei e ogni settimana nelle riunioni di gabinetto.

In una caldissima giornata di luglio a Londra, sir Alan, 62 anni, mi accoglie nel Foreign Office, il glorioso ministero degli Esteri britannico, nell'ampio e luminoso ufficio tappezzato di foto dei suoi incontri in giro per il mondo:

Donald Trump, Angela Merkel, Xi Jinping. Duncan conosce come pochi i gangli di Whitehall e del potere, a Londra e nel Regno Unito. E conosce benissimo Boris Johnson, visto che ha lavorato con lui fianco a fianco quando questi ha ricoperto la carica di ministro degli Esteri dal 13 luglio 2016 all'8 luglio 2018, quando si dimise clamorosamente in polemica con la strategia Brexit della premier Theresa May.

Sir Alan è un uomo duro, deciso, di poche parole. Durante l'imbarazzante vicenda dell'ambasciatore britannico negli Stati Uniti, sir Kim Darroch, costretto alle dimissioni dopo la controversa pubblicazione sul *Daily Mail* di alcuni memo riservati in cui criticava duramente Donald Trump, il 10 luglio 2019 Duncan è stato il primo ad attaccare pubblicamente Boris Johnson, allora lanciato verso la premiership del Regno Unito. Boris, infatti, durante un dibattito in tv la sera prima con lo sfidante Jeremy Hunt, non difese Darroch dal bullismo di Donald Trump, il quale alla fine ne ottenne la rimozione: «Ha buttato il nostro ambasciatore sotto un autobus! È una vergogna!» è stato lo sfogo di sir Alan.

Alla luce di questo sfogo, con l'arrivo di Johnson, ovviamente sir Alan Duncan ha dovuto fare le valigie dal governo, dopo molto tempo. Durante la nostra conversazione a tratti profetica, esala tutto il rancore, la frustrazione e la delusione degli ultimi anni. Che, secondo lui, stanno mettendo a rischio il futuro del suo Paese.

Sir Duncan, Boris Johnson a Downing Street. Che cosa ne pensa?

«Ha promesso tante cose diverse a tante persone. Alla fine

questo sarà insostenibile. E ne pagherà il prezzo. Vedremo che cosa riuscirà a combinare.»

Una volta lei lo chiamò «Borisconi», cioè un alter ego di Berlusconi.

«Definizione eloquente. Non servono altre spiegazioni...»

Riuscirà secondo lei a uscire dal labirinto della Brexit?

«Guardi, sono stufo. Che cosa pensa che abbiamo fatto noi per tre anni al governo? Abbiamo valutato e studiato ogni singola opzione, ogni giorno. Durante i negoziati ci siamo posti decine di migliaia di volte la sua domanda. Alla fine, l'unica soluzione possibile e razionale è l'accordo che Theresa May ha firmato con l'Europa nel novembre 2018. Punto. Non c'è alternativa.»

Che però è stato bocciato per tre volte dalla Camera dei Comuni.

«I parlamentari mi sembrano impazziti tutti. Quell'accordo è l'unica alternativa realistica al *No Deal* e alla permanenza nell'Ue. Tutto il resto non rappresenterà né una facile soluzione, né una facile uscita dall'Europa. Così come Johnson non riuscirà a trovare un accordo con l'Ue in extremis, come tanto sbandiera.»

Perché, sir Alan?

«Glielo dico io che ho avuto a che farci per anni: gli europei non cederanno. Non cederanno. Se lo facessero, collasserebbe l'unità dei Paesi membri che hanno faticosamente raggiunto sulla Brexit. E con noi sono stati cooperativi. L'accoglienza che riserveranno a Boris di sicuro sarà molto meno affabile.»

Il No Deal però è una minaccia molto concreta all'orizzonte.

«Il *No Deal* non è mai stato proposto come alternativa di uscita ai cittadini britannici prima del referendum Brexit del 2016. Mai. Ora è diventato quasi una realtà. È scandaloso. Se Boris o chi per lui proverà a forzare un'uscita senza accordo, il governo collasserà e ci saranno le elezioni. Molto probabilmente sarà un disastro per il partito conservatore, nel caos e nella totale confusione politica. Verrà a mancare la fiducia nei nostri confronti. Ma c'è un altro problema.»

Quale?

«Lasciare l'Ue a tutti i costi avrà risvolti solo negativi per il Regno Unito. Non c'è nulla di positivo o confortante. Anche tutto questo ottimistico chiacchiericcio sui futuri accordi commerciali è follia, ed è tutto esagerato. Ci vorranno anni per firmare seri trattati di questo tipo e dovranno essere rimpiazzati tutti quelli che perderemo con l'Ue. E non avremmo un blocco potente alle spalle, ma saremo un Paese solitario, il che ci porrà in una condizione di sfavore quando andremo a trattare con gli Stati Uniti di Trump. E più in generale: qualsiasi futuro accordo commerciale non sarà la nostra salvezza se consideriamo i danni economici che causerà l'uscita dall'Unione Europea.»

Teme per il futuro del suo Paese?

«Molto. Un pilastro fondamentale del Regno Unito è la democrazia parlamentare. Con il referendum sulla Brexit abbiamo generato un'autorità "popolare" parallela che ora si autodefinisce superiore o più importante del parlamento. Il risultato è un pericolosissimo scontro costituzionale che mette in discussione la nostra autorità istituzionale più alta, cioè il parlamento.»

Anche l'Europa però è stata forse eccessivamente rigida nei confronti di Londra, non crede?

«No. Gli europei non si sono comportati male con noi. Le persone che si sono comportate male, anzi in modo vergognoso, sono coloro che hanno fatto campagna per la Brexit nel 2016, illudendo i cittadini che ci attendeva un mondo fantastico, prospero, meraviglioso. Queste persone solo le uniche da incolpare.»

Qual è stato, dopo il referendum, il più grande errore che ha generato questo labirinto della Brexit?

«Aver innescato troppo presto nel 2017 l'articolo 50 del Trattato di Lisbona, per entrare nel periodo dei negoziati di uscita dall'Ue, quando non avevamo ancora un piano chiaro. Ma anche tante altre cose: aver promesso un referendum allo Ukip. Tenere un referendum su un argomento così importante. Votare ripetutamente contro l'accordo di May raggiunto dopo lunghe negoziazioni. I brexiter rivelatisi distruttori del Paese e di molti suoi interessi. Tutto questo, e lo dico da storico conservatore, è iniziato perché Cameron ha azzardato un referendum per scacciare la minaccia di Farage. Il suo errore madornale è stato cibare questo cazzo di coccodrillo, che ora ha sempre più fame.»

10
Guidati dagli asini

Led by Donkeys, «Guidati dagli asini» è un modo di dire in inglese che si riferisce ai generali «asini e incompetenti» che durante la Prima guerra mondiale mandarono a morire i giovani soldati inglesi.

Led by Donkeys non è solo un detto tornato terribilmente di moda dopo il referendum del 2016, ma anche il nome di un gruppo di *guerrilla propaganda*, che da circa due anni sta mettendo a nudo i re della Brexit. Secondo loro – un gruppo di quattro londinesi di 35-40 anni – nello psicodramma della Brexit, oggi i politici britannici stanno mandando a morire il Paese e le sue giovani generazioni come quegli scellerati generali sacrificarono i loro soldati già inesperti. E i *Led by Donkeys* hanno detto basta.

È la loro battaglia: svergognare le bugie e gli errori sulla Brexit di Theresa May, Boris Johnson, Nigel Farage e tutti i politici, affiggendo nelle strade inglesi manifesi da 6x3 metri con i loro tweet e le dichiarazioni del passato, in cui smentiscono categoricamente se stessi.

Nella primavera del 2019, in un caffè vicino a Finsbury Park, Londra nord, quando i quattro erano ancora sotto copertura, ho incontrato in segreto il loro leader Ben Stewart, 39 anni, che allora si faceva chiamare Richard, come apparve in un articolo per il *Venerdì di Repubblica*.[1]

Ben e gli altri tre (James Sadri, Oliver Knowles e Will Rose) sono tutti genitori, hanno un lavoro (lui in un'associazione umanitaria) e dedicano il poco tempo che rimane alla loro *guerrilla*.

I quattro hanno rivelato la loro identità solo nel maggio 2019 in un'intervista al *Guardian*[2], perché i *Led by Donkeys* all'inizio hanno infranto la legge e temevano di essere arrestati: i cartelloni erano abusivi e loro agivano in clandestinità.

«Abbiamo deciso tutto una sera in un pub a pochi metri da qui, era il dicembre scorso» mi spiega Ben, «quando l'accordo di May sulla Brexit era stato sconfitto per la prima volta in parlamento. Ci è venuto in mente quel tweet di Cameron sul caos, fuori dalla finestra c'era un cartellone pubblicitario e ci siamo detti: perché non attacchiamo lì tutte queste stupidaggini e li svergogniamo?».

Già. «Perché tutto partì» ricorda Ben, «con il tweet dell'allora premier David Cameron del 3 maggio 2015, quando scrisse: "O scegliete me, oppure il caos". Che è arrivato invece grazie al "suo" referendum sulla Brexit».

E così via, come nel meraviglioso film *Tre manifesti a Ebbing*, ad attaccare cartelloni a Londra e poi in città brexiter come Dover. Ovviamente di notte, rischiando l'arresto. Uno dei quattro è un grafico pubblicitario e azzecca tutto: layout a mo' di tweet, cartelloni come nella pellicola, mentre la Brexit è sempre più amara. Il mix perfetto. Ma c'è anche un piccolo segreto: «Sul web viene tutto dimenticato, non resta nulla» racconta Richard, «invece, con manifesti reali a sostegno della successiva viralità online, le cose hanno un impatto molto maggiore».

Così la loro *guerrilla propaganda* decolla: i passanti scattano foto e socializzano online, il loro account Twitter diventa un must ed è fatta. Il crowdfunding schizza: decine di migliaia di sterline al mese. Oramai i *Led By Donkeys* le affissioni possono comprarsele.

Alla manifestazione di sabato 23 marzo 2019 a Londra per un secondo referendum i loro tweet giganti e cartacei erano gli idoli della folla. «Continueremo a sbugiardare i politici, ma non vogliamo entrare in politica» mi spiega Ben, «anche perché abbiamo un lavoro e una famiglia. E questo ci basta».

Ecco alcune – l'elenco completo sarebbe lunghissimo – delle incredibili contraddizioni dei politici britannici sulla Brexit, spesso pre e post referendum. Un confronto utile a far capire che il voltagabbanismo della politica non è solo un problema italiano.

In politica cambiare idea e posizione è assolutamente legittimo, soprattutto a seconda delle circostanze e degli scenari che si vengono a creare col passare del tempo. Ma questi clamorosi dietrofront non hanno nulla a che fare con la necessaria flessibilità e libertà della politica. Sono, nella stragrande maggioranza dei casi, riposizionamenti dettati da puro opportunismo e cinismo politico, o sottovalutazioni madornali legate alla Brexit.

Boris Johnson.

2013: «Voterei per rimanere nel Mercato unico europeo. Sono a favore del Mercato unico europeo».[1]

9 maggio 2016: «Gli argomenti a favore del mercato unico appaiono sempre più menzogneri, ogni giorno che passa. Non ha aumentato il livello delle esportazioni britanniche in Ue. Non ha nemmeno fatto crescere l'export tra i primi dodici Paesi Ue. E non ha evitato che un'intera generazione di giovani, soprattutto dei Paesi mediterranei, venisse buttata nella spazzatura».[2]

Ancora Boris Johnson, sulla democrazia parlamentare.

16 marzo 2016: «Il nostro export più prezioso e celebre nel mondo, che ora viene messa in discussione, è la democrazia parlamentare!».[3]

12 settembre 2019: «Ciò che fa arrabbiare oggi la gente da tre anni a questa parte è che i politici, il parlamento sinora hanno fallito nel mettere in pratica il volere del popolo».[4]

Jacob Rees-Mogg, uno dei brexiter più estremisti e pittoreschi, celebre per la sua parlata e per il suo look ottocenteschi.

24 ottobre 2011: «Possiamo fare due referendum. In questo caso, potremmo tenere la seconda consultazione una volta che i negoziati [per l'uscita dall'Ue, N.d.R.] vengano completati».[5]

2 settembre 2019: «Il problema è che con il secondo referendum si vuole rovesciare l'esito del primo. Oramai la decisione è presa. Se si tenesse un secondo referendum, e

ci fosse un risultato opposto, poi ne facciamo un terzo? E quando finirà tutto questo?».[6]

Nigel Farage, leader del Brexit Party e precedentemente del partito di estrema destra Ukip.

16 maggio 2016, invoca un secondo referendum in caso di – allora quasi scontata – sconfitta euroscettica: «Se il referendum finisse 52-48 [per la permanenza nell'Ue, N.d.R.] sarebbe molto difficile portare a termine il lavoro. Ma se invece il campo europeista vincesse con due terzi dei voti, allora la finiamo qua».[7]

26 febbraio 2019, dopo la vittoria del *Leave*: «Se ci fosse un secondo referendum, me ne andrei in vacanza. Non parteciperei. Sarebbe una vergogna».[8]

Ancora Nigel Farage, sul tipo di Brexit da adottare.

30 agosto 2018: «Uno dei pilastri della Brexit è stato fare la stessa cosa dei norvegesi, degli islandesi [intendendo una Brexit morbida, in quanto entrambi sono legati all'Ue e fanno parte del mercato unico, N.d.R.], riprenderci quello che è legittimamente nostro e gestirlo nella maniera adeguata».[9]

27 agosto 2019: «Il *No Deal* è l'unica strada possibile».[10]

Michael Gove, brexiter, ex ministro della Giustizia, dell'Istruzione e dell'Ambiente nel governo May, responsabile dei piani per il *No Deal* nel governo Johnson, celebre per la sua «profezia».

6 aprile 2016: «Il giorno dopo la vittoria al referendum,

avremo subito il pallino del gioco e sceglieremo la strada che ci pare».

E infine, la perla epocale di David Cameron.
4 maggio 2015: «Il Regno Unito ha davanti a sé una semplice ma necessaria scelta: stabilità e un governo forte con me o il caos con Ed Miliband» (allora leader del Labour Party).[11]

11
Tutti gli errori di Londra. E dell'Ue

«Fuori di testa. Sono usciti tutti fuori di testa».

Incontro sir Ivan Rogers a metà luglio 2019 in un bar sulla sponda sud del Tamigi, poco lontano dal teatro Globe di Shakespeare, dai murales dedicati al Bardo e dalla stazione ferroviaria di Waterloo.

Dopo una lunga carriera di funzionario dello Stato e diplomatico, tra le più brillanti e rispettate della storia recente britannica, sir Ivan, 59 anni, è stato il rappresentante permanente del Regno Unito presso l'Unione Europea dal novembre 2013 al 3 gennaio 2017, giorno in cui si è dimesso a causa di un *leak*: nelle faide sempre più spietate all'interno della diplomazia e del *civil service* britannici, qualcuno ha pubblicato un memo riservato in cui Rogers confidava e profetizzava le estreme difficoltà cui sarebbero andati incontro Regno Unito e Unione Europea: un accordo sulla Brexit, della quale lui era uno dei capinegoziatori, sarebbe potuto arrivare anche dieci anni dopo, viste le posizioni evidentemente inconciliabili.

In quel momento, sotto il fuoco di euroscettici e brexiter per il suo «catastrofismo» o «pessimismo», la sua posizione diventa insostenibile. E dunque lascia, come auspicava l'autore – o meglio, gli autori – della soffiata.

«Mi hanno accoltellato alla schiena» commenta sir Ivan, «gli apparatčik politici hanno voluto uccidere la mia credibilità. Non c'era altra soluzione che lasciare».

«La Brexit è un fenomeno religioso» continua. «Devi essere un fedele convinto. Se non lo sei, perdi tutta la credibilità e la reputazione in certi ambienti. Ecco perché, se la Brexit non viene risolta subito, questo Paese potrebbe ritrovarsi davvero nella merda più profonda».

«Ma la Brexit è anche come la Rivoluzione francese» aggiunge, mentre ordina la sua aranciata, «e come in quel periodo storico tutte le fazioni si sono velocemente radicalizzate, anche il partito laburista con Jeremy Corbyn come leader. Il risultato, nell'ambito della Brexit, è che le opzioni alternative per una uscita soft come il "modello Norvegia" o quello svizzero per stabilire i futuri rapporti tra Regno Unito e Ue sono diventati inconcepibili. Ora l'unica Brexit possibile è il *No Deal*. È una sindrome rivoluzionaria, e la radicalizzazione di tutto il sistema politico non sembra avere fine. La domanda ora è: come uscirne? Ma io l'avevo detto, l'avevo detto».

Sir Ivan è così, sempre troppo «saputello» per coloro che non lo sopportano, ma è uno dei diplomatici più preparati, coinvolti e acuti d'oltremanica. Per questo è un testimone raro del labirinto sinora senza uscita del Regno Unito sulla Brexit.

«Prendiamo il partito conservatore, per esempio» analizza, spingendo su per il naso i suoi occhialini leggeri, davanti ai sempre vispi occhi verdi. «Ciò che sta accadendo è un remake di ciò che ho già vissuto nel 2016. Anzi è una versione ancora peggiore dopo quella stupida conferenza dei tory nel 2015 quando hanno preso deliberatamente una posizione durissima sull'Europa in una sorta di *appeasement* nei confronti dei brexiter e per così allontanare», o forse inglobare, «la minaccia all'epoca del partito Ukip. Lo stesso sta accadendo oggi con il Brexit Party, entrambe creature di Nigel Farage. Così si illudono di scansare questa minaccia, cercando di mostrarsi più puri dei brexiters. Ma questo è stato l'errore anche di Theresa May, si è rinchiusa da sola in una gabbia, in una condizione assolutamente insostenibile, cercando di soddisfare gli euroscettici del suo partito. È la stessa sindrome».

Il fallimento di Theresa May sir Ivan lo ha visto con i propri occhi, giorno dopo giorno, e da una prospettiva unica, perché Rogers era il raccordo tra il Regno Unito affamato di Brexit e l'Unione Europea disposta a non concedere nulla a Londra. «May purtroppo sapeva pochissimo di questioni come mercato unico e unione doganale e aveva limitate capacità di negoziare, tra l'altro non era mai stata in un Consiglio europeo prima. Anche lo staff che ha scelto per negoziare la Brexit in Europa era assolutamente impreparato. I suoi consiglieri massimi, Nick Timothy e Fiona Hill [per molti responsabili anche della sconfitta di May alle elezioni anticipate del 2017, N.d.R.], non sapevano niente di affari internazionali, dell'Europa e nemmeno dei suoi meccanismi.»

Ma parliamo di Theresa May: «Mi spiace molto per lei»

aggiunge sir Ivan, «ha ereditato una situazione complicatissima, forse la più grave del dopoguerra, e i negoziati più delicati della storia recente del Regno Unito. Ha provato a dimostrare di essere affidabile agli occhi dei suoi e soprattutto dei brexiters, ma allo stesso tempo avrebbe dovuto evitare di finire in un angolo, cosa che non le è riuscita, soprattutto a causa della sua strategia sul *No Deal*. Inoltre» continua con la voce mista a compassione, «a un certo punto, nel bel mezzo dei negoziati, visto che era impossibile convincere l'ala dura del partito conservatore, doveva essere scaltra e coinvolgere le opposizioni per raggiungere un accordo, cosa che ha fatto soltanto all'ultimo momento, quando era troppo tardi.»

«Perciò ho deciso di dimettermi poco dopo il Natale del 2016. Era chiaro che il governo May non sarebbe durato più di due anni e che le sue contraddizioni sarebbero a un certo punto esplose. Ho provato a spiegare al governo britannico che la Brexit è una cosa troppo complessa, dopo oltre quarant'anni di appartenenza organica all'Europa. Per questo dicevo loro che sarebbero serviti anni per un'uscita regolata dall'Ue senza contraccolpi, e così sono sempre stato considerato, a torto, un pessimista che voleva mettere i bastoni tra le ruote.» Invece» continua, «questo è un processo che richiede tempo, pazienza, una strategia a lungo termine e tantissimo impegno che né i governi che abbiamo avuto sinora né la classe politica britannica in generale sono disposti ad accettare. Per esempio, anche adesso, quando Johnson dice che "siamo pronti a stringere subito accordi commerciali con Ue e Usa, in brevissimo tempo"... ma lo sa che ci vogliono anni per una cosa del genere e che poi deve essere ratificata dai parlamenti, dai governi? Basti vedere l'accordo di libero scambio Canada-Ue... Ecco, tutto questo mi deprime profondamente. Se nessuno ti ascolta, è tutto inutile».

«Un altro grave errore di May» analizza, «è stato sul *No Deal*. Quando ha detto che "uscire senza accordo è meglio di una Brexit con un brutto accordo", ha commesso un altro grave errore. Io ho cercato di far capire ai nostri amici europei che la premier aveva dovuto dirlo in patria per calmare gli animi della frangia euroscettica dei conservatori. Ma se citi questa possibilità, deve avere un minimo di concretezza: invece, l'Ue sapeva che noi non avremmo mai sbattuto la porta durante i negoziati, perché era certa che avessimo tutto da perdere. Invece, oltremanica, in questo modo gli animi dei più fanatici sono stati aizzati ancora di più. Eppure nella nostra storia siamo sempre stati un Paese molto efficiente e razionale nei negoziati. Ma la Brexit è riuscita a rinsecchire anche questa nostra qualità».

«Uscire con il *No Deal*, adottando le norme del Wto [Organizzazione del Commercio Mondiale, N.d.R.] come vanno dicendo i brexiters» continua, «è uno degli errori più folli che si possano commettere, perché non copre o è nocivo in numerosi settori dell'economia sinora regolati dalle norme del mercato unico e dell'unione doganale Ue. Non puoi catapultarti in un mondo senza accordi commerciali di rilievo con altri partner. È incredibilmente stupido e potrebbe causare enormi, drammatiche conseguenze. Non saremmo in controllo degli eventi, a maggior ragione quando si dice "ma l'Ue ci offrirà comunque condizioni di continuità anche con il *No Deal*". Poveri illusi: non lo faranno.

Certo che, se dovessimo uscire senza accordo, non interromperanno i voli aerei o altre misure clamorose: ma creeranno deliberatamente uno scenario economico ostile nei nostri confronti. Perché dovrebbero favorirci?».

Anche la soluzione proposta dal leader laburista Jeremy Corbyn, cioè uscire dall'Ue ma restare in ogni caso nell'unione doganale e allineati al mercato unico, «non ha senso», secondo sir Ivan Rogers: «Perché un grande Paese come il Regno Unito dovrebbe impiccarsi a una posizione simile? Anche io personalmente l'ho detto ai negoziatori europei: non abbiamo assolutamente intenzione di rimanere in un'unione doganale dopo la Brexit perché sarebbe ovviamente intollerabile».

Del resto, se Londra scegliesse uno scenario del genere sarebbe un grosso problema a lungo termine perché, i Paesi membri dell'Unione doganale Ue, non possono stringere accordi commerciali con altri blocchi mondiali: «Finiremmo come la Turchia» commenta sir Ivan, «e non avremmo potere o influenza decisionale, come invece abbiamo avuto sinora con l'appartenenza a pieno titolo all'Unione Europea».

Del resto, secondo sir Ivan, Corbyn non è credibile: «La sua posizione sulla Brexit è insensata. È un euroscettico. La sua offerta di accordo sulla permanenza nell'unione doganale era solo un mezzo per spaccare il governo. E pensare che a Bruxelles ci sono pure cascati, tanto che nell'estate 2019 lo hanno anche invitato a discutere di questa proposta, ma hanno presto capito che lui è uno che non si vuole schierare o sporcare le mani, sceglie da che parte stare a seconda della convenienza politica. Credo che la sua ambizione strategica sia che la Brexit avvenga, magari con un impatto molto negativo affinché l'odiato partito conservatore ne esca a pezzi. Corbyn è un socialista vecchio stampo, un euroscettico di sinistra degli anni Settanta, come lo erano Tony Benn e Michael Foot. Ma, allo stesso tempo, è lontano anni luce dalla caratura teorica e ideologica di quei leader, genuini sovranisti euroscettici della sinistra».

Le colpe (e le trame) di Bruxelles

Però le colpe non sono soltanto del Regno Unito, seppur tante. Secondo sir Rogers, tecnocrate doc, anche l'Unione Europea, che «oramai si sta stufando del traccheggiare britannico», ha commesso diversi gravi errori: «Forse è un problema più generale dell'Unione Europea» precisa. «L'Ue agisce in maniera molto efficiente, secondo me, ma tratta tutto in maniera molto burocratica, tecnica, e allo stesso modo. Fanno un lavoro eccellente sotto questo aspetto, ma secondo me non è questa l'attitudine giusta per una faccenda così complicata come quella della Brexit, in cui c'è di mezzo un grande Paese occidentale come il Regno Unito che in ogni caso ha scelto di dire addio all'Ue. Insomma, puoi comportarti in maniera così fredda e rigida durante negoziati così complessi e intricati, con implicazioni così enormi sul piano geopolitico, oltre che nazionale? Non credo. Anche da parte europea, questa vicenda doveva essere compresa dal punto di vista politico, non solamente tecnocratico, e gestita con più flessibilità, anche nei confronti di Theresa May. Che, come detto, era totalmente impreparata a una sfida del genere, sotto molti punti di vista.

Invece, le autorità Ue, nonostante le mie pressioni, non hanno voluto avere alcun contatto o negoziato informale con lei fino al momento in cui il Regno Unito ha attivato l'articolo 50 del Trattato di Lisbona per uscire dall'Ue, in modo da avere più controllo sui negoziati e indirizzarli dove volevano loro. E nel frattempo gli irlandesi, con i quali abbiamo avuto sempre relazioni difficoltose, hanno scaltramente mobilitato gli altri ventisei Paesi per fare fronte comune».

E anche sull'Irlanda, sir Ivan ha idee molto chiare, così come sul *backstop*[1]. Secondo Rogers, «la natura costituzionale del *backstop* è non meramente tecnica o commerciale, e dunque qualcosa che molti britannici non potranno mai accettare: è dinamite nella politica del Regno Unito. Dall'altra parte, anche gli irlandesi vivono nel loro magico mondo fatato e sinora hanno sempre contato sulla convinzione che Londra non sarebbe mai arrivata a un *No Deal*. Si sbagliavano terribilmente».

Per sir Ivan, il *backstop* «non è la punizione dell'Ue per la Brexit», cioè il vero, pesantissimo prezzo da pagare per uscire dall'Ue – ovvero una semi-perdita dell'Irlanda del Nord –, come sostengono i brexiter più accaniti. Ma, di sicuro, «le soluzioni alternative "tecnologiche" presentate sinora da Londra non hanno né capo né coda. Non esistono. E lo dico perché ne abbiamo discusso molto sino a quando ero io in carica come rappresentante permanente. Spacciarle come alternative serie danneggia soltanto la nostra reputazione. La tecnologia» spiega, «può aiutare nella gestione di un confine o di una nuova frontiera, ma non può affatto sostituire tutte le pratiche annesse. È assolutamente fuori dal mondo sostenere il contrario».

«L'unica soluzione plausibile in questo momento» ammette, «è che l'Irlanda del Nord rimanga allineata alle regole commerciali europee. Ma questo ovviamente scatenerebbe la reazione dei brexiter e degli unionisti irlandesi, che temono così l'inizio della disintegrazione del Regno Unito, e paradossalmente anche degli scozzesi, europeisti e invidiosi di questo trattamento di favore riservato a Belfast, che vorrebbero riservato anche a loro, soprattutto in chiave post Brexit. La premier scozzese Nicola Sturgeon è già lì come un falco in attesa per sfruttare l'occasione e chiedere un secondo referendum sull'indipendenza, dopo il fallimento di quello del 2014. Sono in buoni rapporti con Nicola e posso assicurarle che lei vede Boris Johnson come un'opportunità per le sue mire separatiste. È un'occasione unica. E sarebbe davvero il grilletto per la frantumazione del Regno Unito».

Capitolo Boris Johnson: «Di base parte con un incredibile livello di sfiducia e repulsione da parte delle autorità europee, anche per le storie sull'Ue che si è inventato a Bruxelles quando era corrispondente del *Telegraph*. Ho parlato con tutti i politici più importanti dei vari stati membri: Johnson non piace loro, né si fidano di lui. Nei suoi confronti c'è un'antipatia inedita rispetto a Cameron e May, con i quali certo i rapporti non erano facili, ma qui siamo a un astio conclamato. E tuttavia Johnson ha quella sfrontatezza che May non aveva e che potrebbe aiutarlo a trovare un accordo e a farlo passare alla Camera dei Comuni, anche se fosse solo il piano della sua predecessora con qualche ritocco. Quindi gli daranno una chance, ma che sarà molto breve.»

«Se Johnson li deluderà e confermerà le loro cattive

impressioni, alcuni Paesi, come la Francia di Macron, si abbandoneranno a una linea decisamente punitiva verso Londra. I tedeschi sinora sono stati molto cauti con il Regno Unito perché, più delle connessioni economiche tra i due Paesi a rischio con un *No Deal*, ci considerano geopoliticamente vitali. Ma anche a Berlino sta crescendo forte il nervosismo nei confronti di Londra. Così saremo abbastanza disperati e costretti a un accordo in fretta e furia con gli Stati Uniti di Donald Trump. Accordo che, preservata la sanità britannica dalle sue mire, sarà com'è ovvio decisamente sfavorevole nei confronti di Londra, soprattutto per quanto riguarda le norme alimentari.»

«La mia paura» continua, «è che Boris abbia adottato da subito l'ipotesi *No Deal*, che lui paragona al farsesco e allarmista *Millennium Bug* del passaggio informatico dall'anno 1999 al 2000: il suo istinto di base è che noi stiamo esagerando le conseguenze di una Brexit senza accordo, che ci saranno dei contraccolpi, sì, ma facili da assorbire. In ogni caso, per lui il *No Deal* è l'unico modo in cui può uccidere politicamente Farage e poi andare a elezioni subito dopo. Mi ricorda lo stesso errore di Cameron».

Ma com'è Boris Johnson, con il quale tra l'altro sir Ivan ha lavorato fianco a fianco quando il primo è stato ministro degli Esteri nel governo May? «È esuberante, sveglio, non è certo stupido. È simpatico, carismatico. Non scende mai nei dettagli. Non va dritto alla sostanza. Non legge testi lunghi. Da questo punto di vista è molto simile a come ci hanno descritto Trump: ha un'eccezionale memoria a breve termine unita a una pessima memoria a lungo termine. Difficile tenere alta la sua attenzione per più di dieci minuti.»

12
The Italian Job.
Da Casaleggio alla Brexit

«Sì, per la Brexit abbiamo copiato il Movimento Cinque Stelle».

La Brexit e l'Italia.

C'è un filo comune.

A parlare è Arron Banks, il milionario che ha finanziato la Brexit con circa tredici milioni di sterline donate al fronte euroscettico negli anni, l'amico inseparabile di Nigel Farage, il tycoon sospettato di torbidi legami con la Russia.

Incontro Banks a inizio settembre nel suo club preferito nell'esclusivo quartiere di Mayfair, a Londra.

Cinquantadue anni di Bristol, sorriso ipnotico, un patrimonio netto che oscilla tra i cento e i duecento milioni di sterline, cinque figli, Banks è uno dei padri putativi della Brexit. Nessun donatore ha versato singole cifre così alte in Inghilterra per partiti o progetti politici.

Nella campagna referendaria del 2016, c'erano due piattaforme principali a favore della Brexit, che si sono odiate e a tratti ostacolate fino alla vittoria finale, di entrambe.

Da una parte Vote Leave, che sarà la campagna ufficiale (come deciso dalla commissione elettorale) sostenuta da colonne del partito conservatore come Boris Johnson e Michael Gove, orchestrata dallo stratega politico Matthew Elliot e soprattutto da Dominic Cummings. Colui che, come vedremo, sarà cruciale nella vittoria del *Leave* (suoi gli slogan «Riprenderci il controllo» e il bus con la bufala dei 350 milioni per la sanità britannica), per poi diventare il «Rasputin» dello stesso Boris Johnson una volta arrivato a Downing Street. Arron Banks e lo storico leader euroscettico inglese Nigel Farage, invece, avevano fondato Leave.eu, una piattaforma parallela, meno sofisticata della prima, più verace, istintiva e populista, come sono sempre stati Farage e i suoi partiti. Questo inizialmente, perché poi, mese dopo mese, Banks e Farage sono andati a scuola dal Movimento Cinque Stelle e dal suo fondatore Roberto Casaleggio.

«Avevo visto quello che combinavano Obama e il Movimento Cinque Stelle in Italia sui social media. Ho dato grandi idee a Nigel» scrive lo stesso Banks nella sua apologia brexiteriana *The Bad Boys of Brexit*[1], i cattivi ragazzi della Brexit, il cui ghostwriter è Isabel Oakeshott, la giornalista del *Daily Mail* che con i suoi leak ha causato la caduta di sir Kim Darroch, l'ambasciatore britannico a Washington, carica molto ambita da Farage con l'avallo di Donald Trump. Intrecci.

«A un certo punto» continua Banks, «gli dissi che potevo investire dieci milioni di sterline in un nuovo progetto politico, ma doveva essere un movimento politico, tipo l'incredibile Movimento Cinque Stelle di Grillo. Gli scrissi un'e-mail: "Nigel, devi fare il salto di qualità!"».[2]

Nel 2015, come ha ricostruito Darren Loucaides sul *Guardian*, Farage e Raheem Kassam, l'ex responsabile di Breitbart London[3] (creatura di Steve Bannon), vanno a Milano per incontrare i responsabili del M5S, che già da qualche mese avevano nutrito molto interesse interno in un'alleanza con Farage in Europa, come ha scritto Jacopo Iacoboni.[4] Obiettivo di Farage e Kassam: imparare i segreti del successo della propaganda M5S sul web. Il Movimento, alle elezioni del 2013, era da poco diventato il primo partito in Italia: «Farage venne colpito da come Casaleggio usasse i social media e internet per un nuovo modello di comunicazione politica[5], soprattutto per quanto riguarda l'uso dei video e della democrazia diretta[6] associata al contemporaneo e pesante controllo centrale che esercitavano lui e Beppe Grillo.[7] Perché Nigel in realtà non ha mai pensato che la democrazia diretta sia una cosa buona: una dittatura al centro ci vuole, altrimenti c'è uno sviluppo lunatico del partito...».

«Ero molto affascinato da quello che facevano i Cinque Stelle» mi racconta Banks, «hanno praticamente anticipato l'embrionica, virale, sensazionalista propaganda online di Donald Trump, convogliando i flussi emozionali della gente. Eravamo molto interessati ai social media e a come li utilizzavano. Monitorarli e vedere ciò di cui parlano le persone. La rabbia online. È come una palestra, ti fai i muscoli e devi causare un enorme interesse intorno a te. In quel momento l'allora partito di Nigel, lo Ukip, stava andando fuori controllo e quindi ci serviva qualcosa di nuovo. Ma Farage e Beppe Grillo si sono incontrati addirittura prima, nel 2014, al parlamento europeo. Sì, oggi siamo simili, ma Grillo faceva tutto questo molto prima...».

Ma le lezioni del Movimento Cinque Stelle si spingeranno oltre. Non a caso il Brexit Party di Farage, fondato nel 2019, avrà molte cose in comune con il primo movimento di Grillo: gazzarre in aula del parlamento europeo filmate dai telefonini, video in streaming, piattaforma online per i membri per partecipare e proporre leggi, un po' come accade in Rousseau del M5S (anche se in versione per ora ridotta).

«Ma ora anche quello che fa Salvini è molto interessante» aggiunge Banks. «Insieme siamo le forze col più grande impatto su internet e i social network: oramai come *Leave.eu* abbiamo fino a cinque milioni circa di persone che interagiscono con noi ogni giorno sui nostri social. Ci espandiamo sempre di più perché non siamo rigidi come i partiti o giornali. Possiamo trattare argomenti in maniera diretta e irriverente, come spesso le organizzazioni usuali o le istituzioni non fanno. Ma vedo che di recente anche la Lega ha preso questa svolta e i risultati sui social si vedono.»

Banks dice di non aver mai conosciuto personalmente Salvini né persone, come Luca Morisi, che gestiscono la sua «bestia» online per la propaganda leghista, ma comunque «Ciò che fa Matteo è molto interessante».

«Guarda, guarda qui» mi si rivolge il suo fedele assistente e portavoce di Leave.eu, Andy Wigmore. Insieme si fanno chiamare Banksy e Wiggy e, con Farage, sembrano un'allegra compagnia itinerante di vitelloni guasconi, divertenti, inoffensivi.

Non è così.

Del resto, questi «vitelloni» sono stati i primi a farsi una foto ufficiale con Donald Trump subito dopo la sua elezione nel 2016 a presidente degli Stati Uniti. Ricordate l'immagine di The Donald e Farage sorridenti nell'ascensore d'oro a New York? Insieme a Trump e al leader dello Ukip ci sono altre quattro persone: tra questi, Arron Banks, Andy Wigmore e l'ex capo di Breitbart London, Raheem Kassam.

Wigmore mi mostra le ultime statistiche sul web della piattaforma Leave.eu. Sono sorprendenti: cinque milioni di visualizzazioni dei loro video in una sola settimana (la prima di settembre) e quattro milioni di persone che hanno commentato, condiviso o messo un like soltanto su Facebook ai loro post (tutti politici). Numeri eccezionali rispetto a quelli dei partiti tradizionali, se messi a confronto in quest'ultimo aspetto: 645mila per i conservatori, 374mila per i laburisti e 331mila per lo stesso Brexit Party di Farage, cui Banks finanzia ogni spesa, incluso l'affitto di un appartamento da tredicimila sterline al mese nel quartiere posh di Chelsea. «Ma solo perché siamo amici!»

Il segreto per Banks è approcciare le persone sui social riconoscendo i temi che interessano di più, e lì scatenare la «bestia» a seconda dei propri fini politici: «Possiamo sostenere quello che dice Nigel, oppure Boris, Trump. Il nostro successo arriva perché siamo molto fluidi. Ma l'importante è che il nostro post o il nostro tweet prendano un corso virale, come nel nostro celebre manifesto durante la campagna della Brexit con le file di migranti dal Medio Oriente: i nostri video più di successo», anti Ue o anti migranti, «hanno raggiunto fino a venti milioni di visualizzazioni... venti milioni. Ma molta gente non ci vuole stare o non capisce... l'altro giorno, per esempio, mi hanno attaccato perché ho scritto di Greta...».

Banks si riferisce a un tweet in cui augurava alla celebre e giovane attivista ambientalista Greta Thunberg di affondare durante la sua traversata in barca dall'Inghilterra a New York. «Ma suvvia, è humour inglese...»

Però, signor Banks, è una ragazzina di sedici anni. È decisamente sgradevole. «Ma mica volevo che morisse, era solo una battuta! E poi le associazioni ambientaliste sfruttano questi poveri ragazzini...»

Lo spiacevole tweet su Greta, però, incarna alla perfezione la filosofia online di Arron Banks, Farage e del Brexit Party: bisogna scatenare ogni sentimento nei cittadini e negli elettori, far correre il post nella rete, raggiungere, coinvolgere, indignare quante più persone possibili. Anche con errori o refusi.

«Ricorda il tweet con quell'assurda scritta, "covfefe", di Donald Trump? Lo ha fatto apposta.» Davvero? «Certo, lo so per certo... ma la reazione sconvolta di voi giornalisti ci è molto utile.»

Banks spiega che a dare un'ulteriore spinta ai post di Leave.eu e quindi di «outsider sempre più influenti» come Farage, Salvini, il Movimento Cinque Stelle, Trump, «siete voi giornalisti», spesso «così intelligenti da essere stupidi». Ciò perché, secondo Banks, «le reazioni accese, irritate o allarmate dei reporter hanno un effetto eccezionale sul popolo e sui cittadini più semplici che rimangono perplessi di fronte alla vostra insurrezione molto chic». Per questo, continua Banks, «dobbiamo sconvolgere. Se la vostra reazione fosse calma e misurata, non andremmo da nessuna parte... vi sparate ogni volta in un piede».

Banks è così: simpatico ma serpente, sorridente ma

dispettoso. Sin da bambino ha avuto un carattere difficile e talvolta perfido nei confronti dei coetanei: a tredici anni collezionava note di richiamo a scuola e pare che una volta abbia rubato anche le tegole del tetto dell'istituto, per poi rivendersele. Personaggio scaltro e spietato, si è fatto largo nel mondo della finanza, degli investimenti e dell'imprenditoria con una certa facilità. Ma è nelle assicurazioni e nel commercio di diamanti in Sudafrica che ha fatto fortuna.

Banks è stato accusato di aver nascosto la vera origine degli oltre 8 milioni di sterline che ha donato per la campagna pro Brexit, ma la Commissione elettorale e la Nation crime agency, cioè la Fbi britannica creata nel 2013 per «contrastare senza sosta» la criminalità organizzata nel Regno Unito e i suoi legami all'estero, hanno entrambe chiuso le indagini per «mancanza di prove».

Il sospetto sinora, mai provato né confermato, è che ci sia Mosca dietro le attività e i finanziamenti di Banks per la Brexit. Il caso è complicato perché coinvolge una serie di società a scatole cinesi: Banks sostiene che gli 8 milioni di donazione alla campagna per la Brexit sotto accusa – tramite il suo movimento ombrello leave.eu – venissero dal suo patrimonio e dalla sua società assicurativa Rock services. La stessa che però lui medesimo in passato aveva dichiarato incapace di produrre utili.

«Ma Rock services riceveva denaro da altre società collegate» secondo Banks. Quali società? E quanti soldi? Banks non risponde a queste domande. Secondo gli inquirenti, a finanziare la campagna pro Brexit potrebbe essere stata in realtà un'altra creatura di Banks, con un nome simile: Rock holdings. Si tratta di una società offshore di Banks (non l'unica), con sede all'Isola di Man e dai bilanci ancora più oscuri. Il sospetto degli inquirenti – ma per ora non c'è alcuna prova – è che in realtà siano arrivati dall'estero, cosa vietata dalle leggi sul finanziamento elettorale nel Regno Unito. E se dall'estero, da chi?

Banks ha sempre smentito ogni connessione con la Russia e con Putin, pure durante il nostro incontro, anche se nel suo stesso libro dei cattivi ragazzi della Brexit racconta che l'uomo del Kgb a Londra era alla conferenza annuale del partito di Farage Ukip.[8] Solo casualità, dice Banks.

«Quelli con l'ambasciatore russo a Londra Alexander Yakovenko prima del referendum erano solo incontri di piacere. La seconda volta che mi ha invitato a pranzo è stata dopo quella foto con Trump nell'ascensore d'oro che era arrivata sulla prima pagina del *Sunday Times*.» Banks non fornisce dettagli delle loro conversazioni, ma di certo l'ambasciatore l'aveva chiamato per farsi dare i contatti dei team di Trump e Bannon. «Non ho mai preso soldi da Mosca, che stronzate. Anzi, l'ambasciatore russo in quella circostanza mi disse "Non riuscirete mai a vincere il referendum sulla Brexit..." Ah ah ah!»

Al di là degli incontri con l'ambasciatore, Banks ha altri legami con la Russia. In principio sostenitore conservatore, è poi passato al partito di estrema destra Ukip nel 2014, cui ha donato negli anni enormi cifre quando il leader era ancora Farage. Ha creato il sito Westmonster[9], sul calco di Breitbart di Steve Bannon e altri portali di news di destra radicale, sovranista e populista. Nel 2001 ha sposato in seconde nozze la russa Ekaterina Paderina, dalla quale ha avuto gli ultimi tre figli. Ekaterina è figlia di un ex importante funzionario di stato russo di Ekaterinburg.

Il *Times* ha scoperto che l'indirizzo e-mail della donna ha le cifre 007, mentre la targa della Range Rover di famiglia è MI5 SPY. Non solo.

Secondo l'*Observer*, esponenti della campagna di Leave.eu si sono incontrati con rappresentanti della sede diplomatica russa a Londra ben undici volte negli ultimi mesi prima del referendum sulla Brexit e nei due successivi. Anche questa volta, giustificati come incontri di routine.

La giornalista investigativa del *Guardian*, Carole Cadwalladr, premio Orwell e finalista al Pulitzer, ha accusato Banks di essere coinvolto in una «Moscopoli»: «Tu hai fatto come Salvini, volevi i soldi della Russia!».

Cadwalladr è una delle giornaliste più celebri nel Regno Unito per le sue inchieste su presunti finanziamenti illeciti delle campagne della Brexit (Leave.eu e Vote Leave), i loro possibili legami con Mosca e soprattutto per aver fatto esplodere lo scandalo Facebook e Cambridge Analytica riguardo alle elezioni americane del 2016 e sulle presunte influenze anche sul referendum della Brexit, grazie alle rivelazioni del *whistleblower* (e sua ex fonte) Christopher Wylie. In Regno Unito sono state aperte diverse inchieste e commissioni parlamentari dalle altre inchieste di Cadwalladr, ma sinora non hanno portato ad alcuna sentenza definitiva su Banks e gli altri accusati, né prove.

Cadwalladr ha accusato Banks di essersi avvalso – tramite la mediazione di Steve Bannon e del miliardario e finanziatore della destra americana Robert Mercer – della consulenza della famigerata agenzia di dati Cambridge Analytica, implicata insieme a Facebook e al suo fondatore Mark Zuckerberg in un enorme scandalo tirato fuori tra gli altri proprio da Cadwalladr: durante la campagna delle elezioni americane del 2016, Cambridge Analytica aveva praticamente rubato i dati di decine di milioni di utenti del social network sottoponendoli a un falso test della personalità per trarne dei profili elettorali e venderli all'acquirente, cioè i comitati elettorali per l'elezione di Trump, i quali a loro volta subissavano gli utenti coinvolti con annunci propagandistici personalizzati in base ai loro gusti e personalità. Cadwalladr inoltre accusa Vote Leave, il comitato per la Brexit legato a Boris Johnson (e ostile a Banks), di aver fatto più o meno lo stesso tramite la società canadese di data e digital marketing Aggregate IQ acquistando su Facebook una valanga di spazi pubblicitari mirati a centinaia di migliaia di utenti indecisi al referendum Brexit.

Banks si è sempre detto innocente e ha denunciato a sua volta Cadwalladr: «Non ho mai portato in tribunale un giornalista, ma stavolta ho dovuto farlo: continua a scrivere e dire falsità sul mio conto, senza sosta e soprattutto senza alcuna prova».

«Non mi fermeranno mai» mi ha detto Cadwalladr in un'intervista per *Repubblica*[10] pochi mesi prima di incontrare Banks. Gli «dei della Silicon Valley» non vogliono rivelare chi ha pagato quegli annunci pubblicitari politici, «Facebook non dice chi li ha comprati, né quanti dirigenti fossero a conoscenza delle pratiche illegali di Cambridge Analytica. Le risposte che Zuckerberg ha dato al Congresso non sono credibili. Di quegli annunci Facebook non ha un archivio, un database, niente. Si sono dissolti. Non vogliono che la verità venga fuori perché hanno infranto la legge in campagna elettorale oppure sono ossessionati dal completare la Brexit a ogni costo. Facebook e molti politici hanno interessi comuni. Ma io non mi fermo. Bisogna capire che cosa è successo nel 2016».

Secondo lei cos'è successo? «Il referendum sulla Brexit è stato truccato. La nostra democrazia è stata attaccata. Forze interne ed esterne al Regno Unito si sono alleate per frantumare il sistema politico britannico, che ha ancora leggi vetuste per combattere offensive informatiche così potenti e fulminee. Purtroppo ne sappiamo ancora poco, ma di certo hanno estremizzato la nostra società. Moltissime persone oramai decidono il loro voto nelle ultime quarantotto ore ed è in quel momento che è strabordata nel 2016 una marea di fake news. Mi fa ridere che uno come Farage parli di sovranismo quando altre forze straniere se ne approfittano.»

A chi si riferisce, Cadwalladr? «Farage e i suoi hanno molti legami con la destra americana, oltre che con l'estrema destra in Europa. Il leader del Brexit Party è un ponte chiave tra i due blocchi. Steve Bannon [l'ex "Rasputin" di Trump, N.d.R.] sta coalizzando tutte queste forze, condividendo dati e strategie, grazie agli oscuri finanziamenti che riceve dalla famiglia miliardaria americana di destra Mercer. Lo stesso Farage, ex dinosauro della tecnologia, ora conquista tantissimi consensi sui social e YouTube, e molti giovani: il Brexit Party ha una propaganda online molto sofisticata, plasmata su quella dei Cinque Stelle in Italia. E, guarda caso, l'algoritmo dei video di Farage viene pompato dalle molte condivisioni di Rt, la tv legata al governo di Mosca. Il Brexit Party ha poco a che fare con la politica, Nigel Farage potrebbe essere di estrema destra o di estrema sinistra: non ha una politica, una strategia, un programma. Niente. L'obiettivo vero è molto "bannoniano": sfasciare il sistema. E poi, intorno a personaggi come Farage, ci sono un sacco di speculatori che vi guadagnano moltissimo, come gli *hedge fund* che hanno finanziato la sua campagna referendaria nel 2016, accumulando nel tempo milioni perché l'instabilità politica crea instabilità monetaria. Il nostro Paese è fottuto.»

C'è un video di una conferenza stampa di Leave.eu del novembre 2015 in cui è al tavolo è seduta, di fianco a Banks, anche Brittany Kaiser, una delle dirigenti di Cambridge Analytica, poi pentite e dunque protagonista nell'estate 2019 del docufilm *The Great Hack* su Netflix, alla cui scrittura ha partecipato anche Cadwalladr. Banks risponde, sempre con l'affilato sorriso: «Sì, abbiamo avuto dei colloqui iniziali con Cambridge Analytica» spiega Banks, «ma non hanno portato ad alcuna vera collaborazione perché Leave.eu non è stata scelta come campagna ufficiale e quindi, avendo meno fondi, abbiamo preferito di no».

Banks nega tutto. Sia l'internazionale sovranista con Steve Bannon («Ancora non lo avete capito, non vogliamo un altro sovrastato, vogliamo solo che i nostri singoli Paesi tornino liberi»), sia l'utilizzo in generale di Cambridge Analytica (di cui Bannon era vicepresidente, tra l'altro), anche se in passato il suo stesso portavoce Wigmore aveva scritto che avevano usufruito dei dati della famigerata società. Sinora la giustizia gli ha dato ragione. Banks ammette di aver fatto delle micro-campagne speciali prima del referendum della Brexit, ma a suo dire con proprie risorse, senza ricorrere a Cambridge Analytica e neppure a Aggregate IQ: «Ha assolutamente ragione. Per esempio, prenda i verdi durante il referendum: lei penserà che siano tutti *Remainer*. Invece, abbiamo attaccato su un tema a loro caro, la povertà in Africa, e abbiamo raccontato come i dazi imposti dall'Ue peggiorino la vita di queste persone e rendano più poveri i contadini. Fatto. Perché ci sono tre-quattro temi o principi cui le persone tengono molto: sovranità, confini, immigrazione e soldi».

«Sull'immigrazione per esempio» continua Banks, «noi siamo come Salvini: martelliamo sul tema in ogni momento, anche in quelli difficili. Quando poco prima del referendum del 2016 la deputata laburista Jo Cox venne uccisa da un pazzo (xenofobo, urlava: *Britain First!*, «Prima la Gran Bretagna!», N.d.R), l'altra campagna Vote Leave decise di smettere di parlare di immigrazione, idem gli altri partiti, persino Nigel voleva fermarsi. Ma io ho detto di no: bisognava insistere, come fa Salvini, anche se questo avrebbe scatenato polemiche e indignazione, anche quando ti attaccano tutti. Bisogna disorientare gli elettori degli altri fronti o partiti, come abbiamo fatto con i verdi, ma allo stesso tempo è fondamentale polarizzare i tuoi potenziali elettori per non farteli scappare».

A proposito, ma visto che lo conosce così bene: ora che cosa farà Farage? «Nigel» spiega Banks, «è un leader incredibilmente sottovalutato, conosce tutti i leader euroscettici in Europa [difatti Beppe Grillo lo ha spesso lodato in pubblico, N.d.R.] e ora vorremmo un patto di desistenza con Johnson alle prossime elezioni, in modo da spazzare via il Labour e portare a compimento la Brexit. Ma Nigel...» rivela Banks ridacchiando, «il suo peggior incubo è diventare parlamentare. In realtà lui vuole solo facilitare la Brexit e scappare. Perché non è un politico, è solo un predicatore religioso». Come il suo amicone Banks, Farage è molto interessato alla situazione politica in Italia, dove tra l'altro ha vissuto un paio di decenni fa – a Milano – quando lavorava nella finanza. Il 15 marzo 2019 l'ho incontrato a Sunderland durante una manifestazione pro Brexit e mi ha detto che «i prossimi a uscire dall'Europa sarete voi italiani».

Perché Farage? «Perché l'Italia non ha mai amato il progetto europeo. Dopo il nostro esempio se ne disinnamorerà ancora di più. Quando dimostreremo che la Brexit sarà un successo e che c'è vita fuori dall'Ue, voi ci seguirete. Il progetto europeo in sé da voi non è amato. L'Italia ha adottato l'euro, un errore madornale che porterà ulteriore disaffezione. L'economia è anemica da vent'anni e la classe media, al contrario di quella britannica, si allontana sempre di più dall'idea di Europa».[11]

Banks concorda: «Adesso vi illudete che l'onda anti Ue sia finita, ma saranno Lega e Cinque Stelle a distruggere l'Unione Europa da dentro il sistema. Appena Salvini e gli altri capiranno che la Brexit è un progetto sostenibile e di successo, riprenderanno l'opera di distruzione di questa Europa senza speranza. E voi rinascerete dalla distruzione, come nella Seconda guerra mondiale. La distruzione è creativa...». E sorride.

13
Il Rasputin di Boris

The Gang is back. Boris Johnson sa che quest'uomo per lui è troppo importante.

Insiste, relegando la salute (non la propria) in secondo piano.

«Dominic, please, vieni a lavorare con me, subito. Rimanda il tuo intervento chirurgico.»

«Va bene, Boris.»

Secondo quanto rivelato da Robert Peston, il capo della redazione politica di Itv e anchorman di punta della rete televisiva, Dominic Cummings, doveva operarsi proprio nei giorni in cui Boris Johnson sarebbe ufficialmente stato investito premier del Regno Unito. Ma per il suo compagno di battaglie euroscettiche e soprattutto per la tanto agognata Brexit ha fatto questo sacrificio.[1] Cummings ha rimandato l'intervento a pochi giorni dopo il 31 ottobre, allora giorno della Brexit e del possibile *No Deal*, così ha promesso alla moglie. Poi, soltanto dopo, Dominic e Boris cominceranno a parlare di incarichi governativi per questo misterioso quarantasettenne il cui genio, secondo molti, è stato decisivo per la vittoria della Brexit nel 2016.

Quando ho iniziato a interessarmi dell'eremita Dominic Cummings, avevo dei dubbi sulla sua effettiva valenza politica. Nel gennaio 2019, poi, è uscito il film di Toby Haynes e scritto da James Graham, *Brexit, The Uncivil War* («La guerra incivile»), con il suo eccelso alter ego Benedict Cumberbatch. In quel momento, Cummings è tornato incredibilmente di moda, resuscitato dall'oblio in cui si era chiuso per anni dopo aver lanciato il *Leave* alla vittoria del referendum. Chi era quest'uomo recluso, scontroso e per molti irritante? Quanto aveva realmente influito in quella campagna elettorale che ha segnato, in ogni caso definitivamente, il destino del Regno Unito? E sarebbe stato così determinante anche in un prossimo futuro?

Sì. Era solo questione di tempo. Era chiaro che, una volta caduta May e con Johnson già da anni in rampa di lancio, Cummings, con il suo acume machiavellico, con la follia visionaria, con quell'aria da guru intoccabile e incomprensibile ai comuni mortali, sarebbe presto tornato in un luogo di potere. Come sono tornati al potere tutti i brexiter di quella controversa campagna 2016: il suo amico-nemico Michael Gove, a capo delle preparazioni della Brexit; il vetusto euroscettico Jacob Rees-Mogg, leader dei conservatori alla Camera; Dominic Raab, ministro degli Esteri; Sajid Javid, cancelliere dello Scacchiere; Priti Pratel (che un tempo invocava la pena di morte) all'Interno; Andrea Leadsom, ministra dello Sviluppo economico. *The Gang is Back*.

Nel luglio 2019 Cummings è diventato il «consigliere

speciale» di Boris Johnson. La svolta integralista sulla Brexit, dalla sospensione del parlamento alle minacce di *No Deal*, l'ha suggerita e dettata direttamente lui al premier.

Perché Cummings per Johnson è come Bannon per Donald Trump alla Casa Bianca.

È il «Rasputin» di Boris.

Ma chi è davvero Dominic Cummings?

Genio, anticristo, troll, rasputin, sociopatico, pazzo, messia, psicopatico, fenomeno.

Dominic Cummings è stato chiamato così e in molti altri modi e per qualcuno è tutte queste cose insieme.

Dimenticate per un attimo Boris Johnson, Nigel Farage e l'intera falange politica ultraconservatrice che si è appropriata della vittoria della Brexit nel referendum del 2016. Perché dietro di loro c'era un uomo oscuro, ignoto a molti e forse ancora più potente. Per molti il vero macchinatore della clamorosa uscita del Regno Unito dall'Unione Europea, Dominic Cummings.

In *Brexit, The Uncivil War*, il protagonista è proprio Dominic Cummings – Benedict Cumberbatch, capo e direttore strategico di Vote Leave, la piattaforma ufficiale della campagna per l'uscita dall'Ue. È lo sconosciuto Cummings a realizzare l'impresa: da un polveroso ufficio a vetri con vista su Westminster, grazie ai milioni di miliardari destrorsi come la famiglia Mercer, è lui a ribaltare le sorti del referendum, della storia britannica e dell'Occidente. I politici, in genere, sono soltanto sue marionette. Perché, sì, è stato Cummings, dalle tenebre, ad architettare la svolta decisiva per la Brexit al referendum.

«Che cosa vi dicevo? Abbiamo ripreso il controllo» disse la sera della vittoria al suo team in un video, poi divenuto virale. «E il merito è vostro!» urlò per poi sfondare con un pugno un pannello del soffitto.

Ricordate in campagna elettorale il famoso, e bugiardo, camion rosso itinerante con la scritta «Fuori dall'Ue, avremo 350 milioni di sterline in più alla settimana per la Sanità»? È un suo colpo di genio, sulla base di un'altra operazione mediaticamente formidabile.

Nel 2004, in un momento piuttosto deludente della sua carriera, quando fa campagna contro una riforma di «assemblee regionali» intentata dall'ex premier laburista Tony Blair e che lui demonizza come «l'elefante bianco» perché «uno spreco incredibile a danno dei contribuenti», inventa il colpo di genio: si fa portare un elefante bianco e inizia a fare campagna nel nord-est del Paese. È la svolta: tutti i media iniziano a parlare dell'elefante bianco, come avrebbero fatto dodici anni dopo con l'autobus dei 350 milioni in più per la sanità britannica. Il no all'assemblea regionale del nord-est dell'Inghilterra vince a valanga: 77,9 per cento.

Ricordate lo slogan *Take back control*, «Riprendere il controllo»? È una sua illuminazione, soprattutto l'aggiunta di quel *back*, «indietro», che ha fatto tracimare la nostalgia britannica covata nel cuore di tanti.

I suoi «slogan semplici ma ossessivi» contro l'Ue, «sull'imminente ingresso della Turchia in Europa», sull'immigrazione: tutte sue folgorazioni.

E poi, il colpo finale, quello decisivo: l'arruolamento di una decina di nerd della società di influenza tech Aggregate IQ, simile alla famigerata Cambridge Analytica, e la creazione, sospetta, di milioni di annunci pubblicitari mirati ai gusti e alle ricerche online dei singoli britannici.

È lo scacco matto. Cummings riesce nel suo intento: raggiungere «quei tre milioni di persone che mai avrebbero votato», ammaliarli con le sue pifferate su misura e trascinarli quasi tutti dalla sua parte. È quella che poi lui chiamerà *air war*, «guerra aerea». Gioco, set, incontro.

La Russia e la folle Odissea di «Dom»

Si sa poco di Cummings. A Westminster mi è capitato di rimanere da solo in una stanza con lui per un paio di minuti (l'unica volta che si è fatto vedere in parlamento), dopo alcune frasi di circostanza e sorrisi che mi hanno fatto notare alcuni denti mancanti sul lato sinistro, è andato nel panico – o forse ha fatto finta – ed è scappato.

Già molto schivo, dopo il trionfo nel referendum del 2016 non si è più fatto vedere, se non per testimoniare a una Commissione parlamentare sul controverso ruolo di Aggregate IQ. Di sicuro ha quarantasette anni. Capelli radi, viso delicato e spaurito, tra Dorian Gray, Hannibal Lecter e Cartman dello sboccato cartone animato *South Park*, occhi verdi e profondi, andatura dinoccolata e maglione spesso alla rovescia, nessuno ricorda di averlo visto in giacca e cravatta: soltanto scarpe da ginnastica e T-shirt, come è stato immortalato all'interno di Downing Street, nascosto in un angolo, il primo giorno di Boris Johnson da primo ministro. O al massimo camicie sdrucite. Chi lo conosce dice che è sempre stato così disordinato, a volte non si cambiava per anche due giorni perché dormiva sulla scrivania.

Questo è un pilastro della carriera di Dominic Cummings: ha determinazione e ossessioni incredibili. È disposto a tutto pur di raggiungere il suo scopo. Anche convincere Boris a chiudere il parlamento per far scivolare il Regno Unito verso lo strapiombo del *No Deal* e della Brexit più dura – e forse devastante – possibile. Oppure licenziare, spietatamente a caso, dipendenti e consiglieri speciali, come ha fatto nelle prime settimane di reggenza Johnson.

Classic Dom si dice a Londra, quando ne combina una delle sue. «Tipico di Dominic».

Il momento è decisivo e quindi Cummings ha instaurato una sorta di regno del terrore a Downing Street, o di «jihad contro consulenti e consiglieri», come l'ha chiamata qualcuno a Londra: riunioni alle 7,55 del mattino, contatori per misurare quanti giorni, ore, minuti e secondi manchino alla Brexit del 31 ottobre (che poi sono stati tolti perché mettevano ansia ai dipendenti), minacce continue a coloro che parlano e che passano soffiate ai giornalisti.

«Dal momento che l'amore e la paura possono difficilmente coesistere, se dobbiamo scegliere fra uno dei due, è molto più sicuro essere temuti che amati» è la frase machiavellica citata sempre più spesso qui a Londra quando si parla di Cummings.

Eppure Dominic non è sempre stato così inquietante: per esempio quando ha ideato la spettacolare campagna di Vote Leave nel referendum della Brexit, faceva molta più squadra con i suoi. Adesso, probabilmente Cummings sente la pressione di un momento assolutamente storico, non solo per il

Regno Unito. E, visto che è diventato il potentissimo «Rasputin», o il Bannon, di Boris Johnson, in molti lo temono.

Di Rasputin, Cummings conserva la fredda spietatezza. Di Bannon, l'ex consigliere supremo di Trump e padre putativo del populismo mondiale, incarna invece il culto degli ultimi, dei *forgotten men*, ha notato sul *Washington Post* lo storico della politica Steven Fielding[2], oltre a condividere le cassandre sul «fosco destino» dell'Unione Europea, una grande attenzione all'economia, alla finanza e al commercio.

Bannon e Cummings sono invece diversi per esempio sull'immigrazione, perché Cummings ha un approccio molto più scientifico e matematico sulla quasi totalità degli argomenti, come vedremo in seguito, mentre Bannon è molto più politico-populista e più «internazionalista», come ha dimostrato fondando la piattaforma politica transnazionale The Movement.

Cummings è nato a Durham, in Inghilterra, il 25 novembre 1971. Suo padre era project manager di una piattaforma petrolifera, sua madre insegnante di sostegno. Famiglia comunque ricca, scuole private, poi la laurea a Oxford in Storia antica e moderna. Da giovane, arrotondava lavorando in una discoteca molto popolare tra gli studenti della sua città, il Klute, gestito da suo zio, che negli anni Novanta ha vinto il premio come peggior club d'Europa (meritandosi anche un reportage di *Vice*) e dove, notoriamente, veniva consigliato ai clienti di pulirsi le scarpe uscendo dal locale.

I suoi compagni di scuola o università lo descrivono come un nerd, un po' strambo, ma comunque tranquillo e piuttosto socievole, soprattutto quando scavallava la seconda pinta di birra.

Ma più di ogni altra cosa, Cummings sin dai primi anni considerava se stesso un genio e quasi tutti gli altri mediocri: allora aveva abbastanza timidezza da non tradire questo suo snobismo intellettuale nei confronti del mondo, poi persa con gli anni e i successi ottenuti. Gli piaceva molto il dibattito con i suoi compagni, alla fine del quale però doveva sempre uscire vincitore morale e intellettuale.

Sin da bambino, ha una passione smisurata, guarda caso, per la Russia, dove si trasferisce nel 1999 per tre anni. Adora i *Fratelli Karamazov*. Pur senza parlare una parola di russo, fonda persino una sgangherata compagnia aerea per connettere Samara e Vienna. Effettua solo un volo – con un solo passeggero – prima di chiudere.

Ma il destino di Cummings è in politica. Pur non avendo mai avuto una tessera di partito, inizia a fare il consulente strategico, poi va a capo di Business for Sterling, una piattaforma contro l'adozione dell'euro nel Regno Unito.

Agli inizi degli anni Duemila, mentre Blair e il New Labour maciullano gli avversari, il partito conservatore lo nota e lo imbarca. Diventa il capo della comunicazione dell'ex leader Iain Duncan Smith, ma si fa subito odiare: Cummings detesta i politici tradizionali, persino i «suoi» conservatori. A un convegno di qualche anno fa, tuttora disponibile su YouTube[3], afferma apertamente che ai tory – per i quali lui ora lavora – non importa niente della gente comune né della sanità britannica.

E poi Cummings esecra i sindacati, la burocrazia, i funzionari statali, e con essi la loro vetusta lentezza nel capire il mondo. Per Cummings, sono il «blob», l'ameba del film del 1958 *Fluido mortale* con Steve McQueen che divora a poco a poco il mondo, (in Italia trailer e sigla dello storico programma di Enrico Ghezzi, *Blob*, su Raitre). Non fa niente per nasconderlo. Considera queste istituzioni l'ostacolo principale al suo mondo ideale, fondato su meritocrazia, scienza, tecnologia, nanotecnologia, algoritmi, futurismo e giovani prodigi al potere selezionati in base al loro quoziente intellettivo. Essi sono la base dell'élite illuminata che lui ha sempre immaginato – e sognato – al potere, per poter trasformare il Regno Unito in una sorta di «tecno-polis meritocratica», come ha scritto l'*Economist*, una nazione all'avanguardia nell'istruzione e nella scienza: «Una visione del mondo nietzschiana, una lotta erculea tra sapienza e mediocrità».[4]

«Abbiamo bisogno di leader che abbiano letto Tucidide e sappiano di modelli statistici» ha scritto tempo fa sul suo blog[5], «che abbiano letto *I fratelli Karamazov* e *Il quark e il giaguaro* di Murray Gell-Mann, che si riconoscano nel *Kim* di Kipling e abbiano successo nel *Progetto del buon giudizio* di Tetlock», che sfruttino «la saggezza della folla per prevedere eventi mondiali».

Quando è stato annunciato che Cummings sarebbe diventato il consigliere supremo del nuovo premier Boris Johnson, nelle librerie online le vendite dei *Fratelli Karamazov* e del *Quark e il giaguaro* sono schizzate ai primi posti in classifica.

Per farvi un'idea di che cosa circoli nella mente di Cummings, andate a visitare il suo sito[6], dove c'è anche la sua e-mail personale cui risponde sempre un messaggio automatico.

È il suo universo, a volte suggestivo, a volte, almeno in apparenza, completamente folle, in un misto di Sun Tzu, filosofia russa, intelligenza artificiale, psicologia, robotica, Orson Wells e Bismarck (altro suo idolo), Elegia dello spazio, *Anna Karenina*, teorie manageriali e politica cui a tratti solo lui riesce a dare un affascinante e travolgente senso, per chi riesce a seguirlo e non impazzire nei suoi sterminati articoli sul blog.

L'ultimo articolo sul suo sito prima di diventare il Bannon di Boris Johnson è del 26 giugno scorso, un mese prima il loro ingresso trionfale a Downing Street. L'articolo è sterminato[7], estremamente complesso, in alcuni passaggi sembra essere delirante (ma non lo è). Passa in poche righe dalle equazioni di Cartesio e Fermat alla Campagna di Russia di Napoleone, a Tolstoj al cambiamento climatico ai problemi matematici del matematico persiano del Nono secolo Al Khwarizmi. Nei commenti ci sono lettori che ammettono: «Ci ho messo tre giorni per leggerlo. Ma è sensazionale». Soltanto il titolo dell'articolo è eloquente della sua entropia intellettuale e dipana la sfida cui è sottoposto il lettore: «Sul referendum, nota numero 33: governo ad alta performance, "tecnologie cognitive", Michael Nielsen, Bret Victor e *Seeing Rooms*»: un gioco di parole quest'ultimo, «stanze visive», sulla parola *sewing room* (sartoria).

Altri titoli di articoli recenti pubblicati da Cummings sul suo blog, per avere un'idea delle sue assurde digressioni online: "I laboratori biologici più sicuri ogni tanto commettono errori che possono causare una pandemia globale e si apprestano a riprendere degli esperimenti su patogeni progettati per renderli trasmissibili tra mammiferi via aria".

Oppure: "Scienza/produttività: a) le piccole squadre fanno più danni, b) 'la scienza sta diventando meno efficiente'". E infine: "Genetica, genomica, predizioni e il gioco di Gretzky [un giocatore di hockey canadese attivo negli anni Ottanta e Novanta, N.d.R.]: una chance per il Regno Unito di aiutare il mondo".

Pare un «Montaigne da tastiera», ha scritto il *New Statesman*[8], oppure una *Wunderkammer* preziosa e disordinata al tempo stesso.

Cummings ha anche un account Twitter, sempre attivo. Come nome utente non c'è quello suo vero, ma Odyssean Project, «Progetto di un'Odissea», perché gli piace immaginare una società resiliente, che possa adattarsi alle nuove tecnologie, ma anche alla scienza e alle arti.

Descrizione del profilo: «Il fisico Murray Gell-Mann ha detto che abbiamo bisogno di un'istruzione degna dell'*Odissea*».

Foto del profilo: la terra fotografata dalla luna.

Come foto sullo sfondo, invece, la scritta di un ministero fasullo, e cioè «il Dipartimento dello spaccio di ottimismo», che può sembrare distopia orwelliana, in realtà è solo presa in giro nei confronti di Jeremy Hunt, l'ex ministro degli Esteri e sfidante di Boris alle primarie dei conservatori dell'estate 2019 durante le quali pronunciò questa frase per attaccare Johnson. Evidentemente, provocò più ilarità che consenso elettorale.

In ogni caso, visti i suoi comportamenti oltraggiosi per un universo formale, deferente e spesso vetusto come il partito conservatore, «l'incompetente» (a dire di Cummings) Iain

Duncan Smith lo caccia, Cameron lo bolla come «uno psicopatico in cerca di fama», i tradizionalisti Tories (come accadrà anche nella campagna del referendum Brexit, dove viene scelto perché «è l'unico che può fare il miracolo») lo odiano a morte. Così, nei primi anni Zero, lui si ritira per un po', e se ne va a leggere in una tenuta del padre la sua amata letteratura russa (su tutti Tolstoj e Dostojevski), Tucidide, la sua «storia scientifica», il «realismo politico» e il comportamento degli umani in condizioni estreme.

Ma nel 2007 Michael Gove lo resuscita. Nonostante l'ostilità del partito, diventa capo dello staff e la sua carriera decolla. A un certo punto, Gavin Williamson (oggi ministro dell'Istruzione, con May alla Difesa prima di essere cacciato per un leak) mette in giro la voce di un amore gay tra Gove e Cummings. La moglie di quest'ultimo, Mary Wakefield, vicedirettrice dello *Spectator* e una figlia insieme avuta proprio durante il referendum sulla Brexit, respinge le accuse in un articolo sul settimanale. Ma Cummings non ha mai ribattuto al gioco sporco: è irriducibile, va avanti per la sua strada, omaggiando il suo credo. Anche perché proprio sposando Wakefield, figlia di un ricco barone, ha trovato quella tranquillità, anche finanziaria, che prima non aveva.

La crociata contro l'Europa

Il 21 gennaio 2016, sei mesi prima del referendum, Cummings ha concesso una rarissima intervista[9] – anzi unica, nella sua profondità – all'*Economist* in cui spiega tutto il suo nuovo ordine mondiale. Secondo Cummings «l'Unione

Europea potrebbe spaccarsi a breve e per questo il Regno Unito deve essere il Paese pioniere di un'alternativa».

L'Unione Europea la detesta. Per lui Londra e Bruxelles sono due mondi in due orbite totalmente differenti che hanno poco da condividere, per lo meno politicamente, e devono dirsi addio: «Mentre l'Europa post rinascimentale favoriva le differenze competitive e per questo è poi avanzata, l'Europa di oggi è come la Cina post-rinascimentale che capitolò per i troppi regolamenti, che regola persino gli esperimenti medici o quante bottiglie di olio possono avere la casse da trasporto. La Cina post-rinascimentale essenzialmente provò ad armonizzare l'intero impero: tutti dovevano fare la stessa cosa. Allo stesso modo, l'Europa cerca di armonizzare e centralizzare un sacco di cose che non hanno bisogno di essere armonizzate». L'Europa di oggi non permetterebbe più agli «esploratori» del mondo di essere se stessi, proprio per queste regole secondo lui asfissianti: Colombo oggi non partirebbe dall'Europa, secondo Cummings.

Riguardo le istituzioni politiche, invece, per Cummings è evidente che l'Unione Europea cozzi contro i governi parlamentari, la *common law* e persino «il nostro apparato di funzionari, che cercando sempre di attenersi alle leggi, in genere non imbroglia, né dice bugie, come accade in molti altri Paesi europei. E questo è stato ottimo per il Regno Unito. Ora invece, una delle cose più tristi è constatare come il progetto europeo» continua sempre all'*Economist*, «corrompa e renda estremamente difficile per le persone rimanere oneste. Perché i rappresentanti del governo sono costantemente costretti a dire bugie sulle origini di fenomeni che vediamo. Devono sempre inventare processi alla Potëmkin».

Secondo Cummings, l'Europa di oggi è soggiogata ai poteri industriali e della finanza: «Quando ero nella campagna anti euro del 1999, abbiamo ricevuto chiamate di ogni tipo da Bruxelles o da Whitehall: "Se continuate così, vi distruggeremo..." ci dicevano. Come disse Adam Smith» ammonisce, «la grande imprenditoria è spesso nemica della libertà, del bene comune e spesso utilizza le regole e le norme per provare a distruggere certi imprenditori. Perciò» spiega, «la Brexit sarà un'ottima cosa per noi, per l'Europa e per il mondo. Magari gli europei troveranno un modo per realizzare il sogno originale di Monnet e Delors che prevede una federazione centralizzata in cui Bruxelles è il governo, e i poteri centrali e sempre più costosi del parlamento Ue diventino una sorta di Congresso. Tuttavia, non sono affatto certo che tutto questo funzionerà, dunque è molto importante che altri Paesi sviluppino un meccanismo per cui ognuno in Europa possa commerciare liberamente e cooperare in maniera amichevole».

«Gli estremisti oggi sono in crescita e purtroppo vengono fomentati dal progetto dell'euro e dalla centralizzazione dei poteri a Bruxelles» prosegue. «Lo scenario peggiore è un improvviso collasso del progetto europeo in varie parti, magari scatenato dalla vittoria di partiti fascisti o semifascisti in vari Paesi europei che a quel punto innescherebbero l'uscita di almeno uno stato membro dall'euro e dunque un sistemico effetto domino» profetizza. «Per questo è sempre più importante che il Regno Unito possa offrire un esempio di auto-governo civilizzato, democratico e liberale e cercare altri canali con Paesi come la Svizzera e altri non europei, mostrando così alle persone un'evoluzione alternativa all'Ue, che garantisca possibilità di scelta, diversità. Ciò che fece bene all'Europa post rinascimentale, avrebbe un effetto positivo anche oggi.»

Al festival di Nudgestock, un anno dopo, aggiungerà: «La ragione già importante per cui voglio uscire dall'Ue è il solo pensiero che questo prosciugherà decisamente il veleno dal dibattito pubblico: lo Ukip e Farage verrebbero annientati. Una volta ripreso il controllo democratico dell'immigrazione, l'immigrazione tornerebbe a essere un tema di terzo, quart'ordine...».

Cummings è senza freni. Il sistema politico europeo è «estremamente opaco, estremamente lento, estremamente burocratico e dunque è assolutamente inadatto al mondo veloce di oggi, dell'ingegneria genetica, della robotica autonoma e letale, quello che ti pare». E quindi «il sogno di un Regno Unito libero e meritocratico», ma anche il modello di Sun Tzu nelle battaglie elettorali, la saggezza tratta «dalle campagne pubblicitarie e dalla propaganda sovietica», una visione del mondo quasi nietzschiana.

A un certo punto nell'intervista Cummings profetizza: «Dovessimo vincere il referendum sulla Brexit, è probabile che ci possa essere in futuro la necessità democratica di un secondo». Vedremo.

Ma, più semplicemente, il genio di Cummings è nel suo slogan simbolo della Brexit: *Taking back control*. Riprendere il controllo.

È la frase che, in tre parole, riassume nella loro assolutezza tutti i tormenti recenti dell'Occidente, sintetizzandoli nei sentimenti di speranza, riappropriazione, rassicurazione, il ritorno a casa, l'Ulisse del Ventunesimo secolo.

L'illuminazione di Cummings è tutto qui. Nel «controllo». Ecco perché.

14
Senza controllo

Farò campagna per la Brexit perché voglio un accordo migliore per i britannici, risparmiare soldi pubblici e riprenderci il controllo. Questa è l'unica cosa che conta.

Boris Johnson[1]

Uno si illude di riconquistare la sovranità votando per la Brexit, ma in realtà non hai potere. Non hai il controllo.

David Cameron[2]

Negli ultimi tre anni dal referendum del 2016, giornalisti e studiosi hanno raccontato e analizzato le più svariate cause per dare una giustificazione – e un senso – alla Brexit.

Ovvero:

Euroscetticismo storico e «rigidità di Bruxelles» nei confronti delle richieste del governo Cameron: le riforme ed eccezioni alle regole concesse dall'Ue al Regno Unito poco prima del referendum non sono state evidentemente reputate sufficienti dagli elettori britannici.

Vittimismo atavico dei britannici tra passato imperiale

e «soggezione» europea, come ha spiegato il commentatore irlandese Fintan O'Toole.[3]

Paura/odio verso i migranti, voglia di frontiere chiuse. Le pesantissime scorie (con conseguente austerity) della crisi economica del 2008-2009 che hanno deperito ampie zone in Inghilterra e Galles. Aree povere, meno istruite e sentitesi abbandonate dal governo e che dunque hanno voluto punire così le élite della lontana e «fighetta» Londra. Il 95 per cento dei britannici recentemente impoveriti e il 73 per cento degli operai più anziani hanno votato per la Brexit nel 2016.[4]

Una propaganda per l'uscita dall'Ue che ha ingannato molti elettori (vedi la bufala di Cummings, Johnson e Gove dei 350 milioni di sterline alla settimana in più per la sanità britannica o la fittizia marea di migranti in arrivo dalla Turchia), anche tramite la diffusione di fake news e altri messaggi su Facebook e social media che hanno influenzato molti elettori.[5]

Una campagna per la permanenza di Londra in Ue che ha commesso numerosi errori, tra cui quello di sottovalutare Boris Johnson e l'acume dello stratega Dominic Cummings, anche per non danneggiare l'integrità futura del partito conservatore. Lo stesso premier David Cameron, che ha fatto campagna per restare in Ue dopo aver «strappato concessioni» a Bruxelles, non ha potuto rispondere colpo su colpo alla propaganda del *Leave*.

Per esempio, quando Johnson e gli altri brexiter sbandieravano la minaccia della Turchia in Ue, il premier non l'ha mai pubblicamente smentita perché ciò avrebbe irritato il presidente turco Erdogan «in quel momento fondamentale per la lotta al terrorismo», secondo il premier britannico.⁶

Queste appena elencate le cause che, se analizzate singolarmente, hanno sicuramente contribuito all'impensabile esito della Brexit, in un modo o nell'altro.

Tuttavia, molto raramente è stato messo sinora in evidenza un aspetto più generale e secondo me cruciale.

Tutti i fenomeni e le possibili ragioni sopra esposti relativi alla Brexit hanno una grossa radice comune che li lega ad altre manifestazioni globali come l'emersione rabbiosa del populismo in Occidente, l'elezione di Donald Trump, la verticale crescita in Italia e in Europa di partiti sovranisti e/o apertamente xenofobi o razzisti, la crisi delle migrazioni, il crollo/rallentamento dell'economia mondiale, la crisi del neoliberalismo, alcune degenerazioni del capitalismo come le disuguaglianze sociali, il rifiuto di appartenere all'Unione Europea e altre sovrastrutture politiche, economiche e finanziarie.

Questa radice comune può essere individuata in una particolare sindrome, quella della «perdita del controllo».

Dominic Cummings, lo stratega principe della campagna per abbandonare l'Unione Europea nel 2016, è stato geniale – e vincente – proprio per questo. Perché ha colto, rielaborato e trasmesso agli elettori del referendum l'essenza dello *Zeitgeist* mondiale contemporaneo: la perdita del controllo. E dunque l'ansia di riottenerlo, a tutti i costi, incarnandola nello slogan principe della campagna pro Brexit: *Take back control*.

Difatti, i sentimenti e le reazioni populiste alla crisi dei migranti di molti elettori in Occidente derivano soprattutto dalla sensazione di perdita di controllo dei flussi migratori.

Oppure, la stessa crisi del 2008-2009 è esplosa per un'assoluta mancanza di controllo delle cause (dai mutui subprime in giù) e dei deterrenti di contenimento.

La sindrome di mancanza di controllo è legata anche ai danni della finanza rapace e agli strumenti sinora molto deboli dei governi per evitare speculazioni colossali che hanno dilaniato l'economia reale e il risparmio dei contribuenti, diffondendo dunque risentimento anche verso le banche.

E ancora: il mancato, se non nullo, controllo sulle (mancate) tassazioni alle multinazionali, che impunemente da decenni pagano le imposte dove conviene di più; il neoliberalismo e il capitalismo senza regole e apparentemente senza alcun controllo, che ha generato disuguaglianze sempre più enormi in Occidente; il mercato delle compravendite e degli affitti delle case che in Inghilterra e soprattutto a Londra ha raggiunto picchi insostenibili negli ultimi anni; nel caso specifico della Brexit, un'Unione Europea sulla quale Londra non riusciva più a esercitare un controllo, secondo gli euroscettici; infine, i crescenti irredentismi, dalla Catalogna alla Scozia fino alla fantasiosa Padania, dimostrano che in molti non sentono di avere il controllo del loro destino e delle loro politiche e quindi vogliono conquistare la loro indipendenza, come del resto ha deciso il Regno Unito nei confronti dell'Ue.

Gli studiosi britannici Matthew Goodwin e Roger Eatwell nel loro indispensabile saggio *National Populism: The Revolt Against Liberal Democracy* spiegano che la Brexit e altri fenomeni populisti si rifanno a quelle che loro chiamano le 4D, ossia *distrust* («sfiducia» nelle élites e nei governanti), *destruction* («distruzione» dell'identità nazionale), *deprivation* («impoverimento» dell'Occidente con contemporaneo aumento delle disuguaglianze) e *de-alignment* (crisi dei partiti tradizionali).[7]

Il celebre politologo americano Francis Fukuyama, invece, nel suo ultimo saggio *Identity*, circostanzia la Brexit e la voglia di chiusura di frontiere con il desiderio di riappropriarsi di un'identità britannica perduta a causa del mescolamento di tradizioni, culture ed etnie, un fenomeno accentuatosi notevolmente negli ultimi tre decenni.[8] Fukuyama cita il concetto greco di *thumos*, cioè il desiderio umano per il riconoscimento nel mondo, affiancato alla rivendicazione della dignità umana, tutte manifestazioni legate all'identità e che ora sarebbero messe a repentaglio dalle spinte del mondo capitalista e globale, soprattutto nelle democrazie occidentali liberali.[9] C'è un fondo di verità in tutti questi aspetti, se analizzati in disparte.

Ma, come dicevamo, c'è un massimo comune divisore, un *trait d'union*, una linea rossa che lega la Brexit, i sovranismi e la xenofobia in Occidente, e dunque la recente emersione di partiti e leader populisti, di destra e sinistra, in Europa e negli Stati Uniti. Tutti questi fenomeni condividono una reazione alla «perdita di controllo».

Trump negli Stati Uniti, Salvini e i Cinque Stelle in Italia, Le Pen in Francia, Alternative Für Deutschland (Afd) in Germania, il movimentismo di Podemos e poi i neofascisti di Vox in Spagna, la Fpö in Austria, i Democratici in Svezia, i Veri finlandesi in Finlandia, il Partito del popolo in Danimarca, Geert Wilders nei Paesi Bassi e poi i governi sovranisti e spesso xenofobi in Polonia e Ungheria. Non è un caso che tutti questi partiti o movimenti, di qualsiasi colore, abbiamo prosperato sensibilmente negli ultimi anni. Perché tutti, chi su un aspetto chi su un altro, hanno promesso di restituire o di riportare al proprio Paese e ai cittadini il controllo della situazione: sui migranti (si vedano Salvini, Trump, Le Pen, Afd e molti altri), sull'economia e il commercio (Trump), sul controllo della finanza, delle banche e di altre dinamiche economiche e sociali (Cinque Stelle, Le Pen eccetera), sulle disuguaglianze sociali (Podemos) eccetera.

Lo stesso Labour di Jeremy Corbyn, non un partito di estrema destra e nemmeno di recente formazione, prima del disastro dovuto alla sua scialba strategia post Brexit[10] aveva accumulato molto consenso proprio promettendo ai britannici di esercitare un controllo molto più capillare su neoliberalismo, finanza, disuguaglianze e privatizzazioni allo sbando, dunque riesercitando una forte pressione statale su molti di questi aspetti, ricorrendo alle nazionalizzazioni o persino alla chiusura di tutte le scuole private, se mai andasse al governo.

Curiosamente, Churchill, dopo aver eroicamente guidato il Paese alla vittoria contro i nazisti venne sconfitto alle elezioni dopo la Seconda guerra mondiale anche perché molti britannici, dopo anni di conflitto, privazioni e terrore, preferirono i laburisti che avevano promesso in campagna elettorale più controllo sulla macchina statale e dunque maggiore sicurezza e stabilità sociale.

Certo, come abbiamo visto nei capitoli precedenti la Brexit ha cause e retroscena peculiari, legati alla sua particolare storia imperiale, oppure a specifiche reazioni locali. Come in Francia con la rivolta dei *gilets jaunes* nell'estate 2019 e ancor prima con le tensioni nelle banlieue parigine, anche in Regno Unito è fortissima la contrapposizione città-campagna, e cioè la triste e noiosa periferia contro la ricca e cool Londra. Un risentimento piuttosto diffuso non solo nelle nazioni in ebollizione secessionista come la Scozia, ma anche per esempio nel nord dell'Inghilterra e nelle Midlands, aree duramente colpite dalla de-industrializzazione degli ultimi decenni, dove sono state seminate miseria, povertà e molta rabbia, sinora sopite da ingenti – ma insufficienti – sussidi statali.

Quando si esce da Londra e si va nel resto dell'Inghilterra o nel Galles, ci si immerge letteralmente in un'altra dimensione, che non è la «Cool Britannia» pubblicizzata da Tony Blair, che non contempla i *sorry* a ogni minimo contatto casuale con un'altra persona, che evidenzia il frequente disagio sociale delle classi popolari della periferia dell'impero, i servizi e i trasporti nettamente inferiori e la produttività lillipuziana di aree come Sunderland, la Cumbria, Middlesbrough, Sheffield. Molti brexiter che ho incontrato durante vari reportage nel nord dell'Inghilterra mi hanno detto di aver votato per l'uscita dall'Ue principalmente per due motivi: «Basta migranti dell'est Europa che scroccano il nostro welfare» e «Dare un segnale forte a Londra, per farci sentire».

Non a caso, se Corbyn sul tema dei trasporti è sempre stato molto sensibile negli anni (si è battuto persino per gli autobus locali per gli anziani[11]), negli ultimi mesi del 2019

Johnson e i conservatori si sono svegliati e hanno promesso nuove infrastrutture «fantaaastiche» (accento di Boris) per avvicinare sempre di più il nord dell'Inghilterra a Londra. Troppo tardi.

Il triste paradosso è che ora la Brexit dura potrebbe ulteriormente colpire queste zone già immiserite da un'economia post-industriale sempre più zoppicante dopo la chiusura di numerose acciaierie e fabbriche negli anni Ottanta e Novanta. Non a caso, nel suo ultimo libro *The Future of Capitalism*, l'economista Paul Collier avanza la proposta di una tassa a Londra e alle grandi città da donare alle comunità abbandonate delle banlieue dell'impero britannico.[12] Collier fa l'esempio proprio di Sheffield, dove è cresciuto, prima di diventare una star dell'università di Oxford.

L'autore si concentra anche su un altro aspetto fondamentale del mondo moderno e cioè: dove vanno il capitalismo e il neoliberismo contemporanei, come già argomentato in passato da economisti come Thomas Piketty, Joseph Stiglitz e Mariana Mazzucato[13] molto critici tra l'altro nei confronti delle misure di austerità e della gestione dell'euro decise dall'Ue negli anni scorsi.[14] Secondo Collier, c'è bisogno di una terza via perché il sistema attuale in buona parte non è più sostenibile, crea troppe disuguaglianze ed è appunto fuori controllo: i mercati hanno dimostrato che non sanno affatto autoregolarsi. Ma per fare questo, anche le aziende e i cittadini devono riacquistare quell'etica perduta e che, dopo gli anni Settanta e Ottanta, era richiesta solo allo Stato. Anche perché, come ha argomentato Larry Elliott sul *Guardian*, essenzialmente la «Brexit è un rifiuto della globalizzazione».[15]

Il giornalista Andy Beckett ha scritto sempre sul *Guardian* che questa nuova «terza via» economica (non quella teorizzata da Anthony Giddens all'inizio del blairismo) con l'obiettivo di un capitalismo più sostenibile sta diventando sempre più realistica: «In passato i governi britannici di centrosinistra hanno cercato di modellare l'economia attraverso le tasse e le nazionalizzazioni. Ora, invece, ci sono nuovi giovani economisti nel Paese che vogliono cambiamenti sistemici e permanenti, modificando il funzionamento del capitalismo, ma con un intervento limitato dello Stato, una sorta di rivoluzione "non violenta" al rallentatore».

Più che redistribuire ricchezza o seguire Marx e Keynes, queste promesse dell'economia come Joe Guinan e Martin O'Neill vogliono redistribuire potere e quindi a lavoratori e operai andrebbe ceduta per esempio una ampia quota dell'azienda dove lavorano, mentre le amministrazioni comunali favorirebbero principalmente le piccole imprese locali e altre misure per riprendere proprio il controllo delle fonti primarie del potere e dell'economia capitalista: «Perché un'economia più democratica aiuterà anche la democrazia» scrivono.

È la recente tesi anche dell'economista della London School of Economics, Mary Kaldor per cui, più che appropriarsi di aziende e asset tramite un controllo statale, bisognerebbe rimettere queste risorse direttamente sotto il controllo dei cittadini, che al momento si sentono esclusi e in un certo senso espropriati.[16]

Curiosamente, è la tesi anche del *Financial Times*, il giornale della City e del capitalismo globale per eccellenza insieme al *Wall Street Journal*, che il 18 settembre 2019 è andato anche oltre, pubblicando una lunghissima e sorprendente analisi a firma di uno dei suoi massimi editorialisti, Martin Wolf. Titolo: "Perché questo capitalismo alterato sta danneggiando la democrazia liberale". Nell'articolo, Wolf sottolinea le devastanti disuguaglianze del neoliberismo contemporaneo, le scappatoie fiscali delle multinazionali, un sistema sempre più senza controllo che andrebbe regolato prima che le nostre democrazie occidentali vengano irrimediabilmente danneggiate: «Deve cambiare il modo in cui funzionano al momento i nostri sistemi economici e politici. Altrimenti, periranno».[17]

Negli ultimi anni sono cresciuti percettibilmente articoli, saggi e analisi che invocano un maggiore controllo dell'economia neoliberista e del capitalismo, parzialmente responsabili della Brexit e dell'ondata populista in Occidente: la deregolarizzazione della finanza negli anni Ottanta (leggi Reagan e Thatcher) non pare più sostenibile[18] e, come ha scritto lo stesso Wolf sempre sul *Financial Times* nel marzo 2019, di questo passo, con norme e regolamenti sempre più ristretti da parte dello Stato (si veda Donald Trump in America), sono dietro l'angolo altre gravissime crisi economiche e finanziarie.[19] Dunque lo Stato torna centrale soprattutto nelle sue funzioni di regolazione e di sostegno a un capitalismo «ancora più sano», come hanno scritto Torben Iversen e David Soskice nel loro saggio *Democracy and Prosperity*.[20]

Il neoliberalismo e il capitalismo attuale vanno di pari passo con la globalizzazione, della quale ha raccontato le origini lo storico britannico Donald Sassoon nel suo ultimo *The Anxious Triumph*.[21] Il mondo global è un altro fenomeno che col tempo una parte sempre più crescente di cittadini considera senza controllo a causa dei flussi, talvolta soverchianti, di persone e merci. In alcuni casi ciò è penalizzante soprattutto per l'Occidente, perché tende ad appiattire salari e diritti a livello globale, almeno in questo stadio della sua evoluzione. Senza contare la minaccia del «postcapitalismo digitale» ai posti di lavoro tradizionali.[22] Data la vastità e la complessità dell'argomento non possiamo qui approfondire in pieno lo stato e il futuro del capitalismo e del neoliberismo, ma era importante notare che anch'essi sono fenomeni le cui conseguenze oggi sono legate all'«ansia da controllo» che poi possono sfociare in molti fenomeni sociali e politici oggi estremi.

L'Unione Europea, invece, ha un problema paradossalmente opposto. Su molti aspetti impone molte regolazioni e controlli, mentre su altre problematiche cruciali, come l'elusione fiscale delle multinazionali, ha balbettato a lungo.

Ma soprattutto – ed è stato uno dei principali ingredienti del trionfo della Brexit – l'Ue viene considerata da molti britannici (e non solo) estremamente distante dalla vita reale, alienata nei suoi palazzi di Bruxelles e Strasburgo, guidata (escludendo il parlamento europeo) da politici non eletti direttamente e che, soprattutto, spesso parlano un'altra lingua, hanno sensibilità politiche e background culturali molto differenti e frequentemente sono sconosciuti alla maggioranza degli abitanti di un Paese. Anche per questo, i politici brexiters sono riusciti a convincere elettori di campagne e periferie inglesi a far odiare loro Bruxelles più di Londra, secondo David Edgerton, autore di *The Rise and Fall of the British Nation: a twentieth-century history*.[23]

Si tratta di un innatismo dell'Unione Europea, che anche per questo non diventerà mai un'entità nazionale come gli Stati Uniti d'America, nonostante nei suoi progetti ci sia un'integrazione (anche fiscale e finanziaria) sempre più marcata negli anni a venire. Ma proprio quest'ultimo progetto è stato una delle motivazioni più valide e razionali della campagna dei brexiter e dei britannici che considerano l'Europa soltanto come «un club di buoni amici», come disse Winston Churchill, ma non qualcosa di più.

Ciò presuppone un'altra questione, ancora più spinosa per il futuro dell'Unione Europea.

Perché in un'epoca come quella contemporanea, di riappropriazione del controllo, dell'individualizzazione e della personalizzazione della politica soprattutto tramite internet e i social network dove ognuno si sente in diritto di diffondere la sua opinione e influenzare il contesto politico, di una democrazia rappresentativa che subisce forti pressioni da quella diretta (si vedano referendum e crescenti irredentismi collegati), è evidente che l'Unione Europea abbia intrapreso da molto tempo una strada completamente opposta rispetto allo *Zeitgeist* attuale: l'Ue corre verso un'integrazione sempre più osmotica, verso una struttura istituzionale e decisionale sempre più centralizzata e standardizzata, lontana e dunque spesso incontrollabile dai cittadini dei singoli Paesi membri.

Dunque, l'Europa fa bene a continuare il suo processo di integrazione sempre più profonda, oppure dovrebbe fermarsi e magari tornare a una condizione di unione maggiormente flessibile e meno federalista, vista la congiuntura economica e geopolitica che oggi appare sfavorevole a lungo termine?

È chiaro che l'euro è, almeno in questo momento, «irreversibile» (Mario Draghi dixit) e che un blocco così possente come quello europeo ha molti vantaggi dal punto di vista commerciale. Ma al di là degli scambi di merci e prodotti, dell'unione doganale e del mercato unico, è ragionevole che l'Ue continui dritta per la propria strada, ignorando i numerosi allarmi e avvertimenti sull'apparente direzione contraria in cui sta andando il mondo, soprattutto dal punto di vista politico?

Ecco perché la Brexit è uno snodo vitale della storia contemporanea, delle nostre democrazie e del prossimo futuro del Vecchio continente. Perché deciderà il futuro dell'Unione Europea, dell'Italia, di tutti noi.

Come dicevamo nell'introduzione, se l'uscita del Regno Unito dall'Europa sarà una catastrofe di certo questo sarà paradossalmente un viatico per Bruxelles, perché cementerà la collaborazione e l'unione ventura tra i Paesi membri. Anche per questo nei corridoi governativi di Whitehall si dice, malignamente, che l'Ue vuole camminare sulle macerie post Brexit di Londra per salvare se stessa. Ma qualcosa del genere avrà comunque conseguenze pesantissime per tutti, dal punto di vista geopolitico, commerciale, di sicurezza, alleanze, futuro dell'Occidente.

Se invece la Brexit, magari dopo un complicato periodo di transizione, si dimostrerà un successo, ciò potrebbe rappresentare uno scenario da incubo per l'Ue, perché innescherebbe un effetto domino di stati membri ribelli o nel peggiore dei casi in uscita, soprattutto durante un processo di integrazione ancora più spinta.

Pensiamo a Paesi come la stessa Italia, dove, come abbiamo detto, il sentimento euroscettico è tra i più accesi del continente: sull'onda di una gloriosa indipendenza britannica, l'antieuropeismo potrebbe emergere in maniera anche travolgente, soprattutto se l'economia rimanesse così cagionevole. A quel punto l'Unione Europea potrebbe davvero sprofondare nel suo periodo più complicato, dopo la crisi dei debiti sovrani e della Grecia di dieci anni fa, che potrebbe persino mettere in discussione la sua esistenza.

Ecco, dunque, perché il nostro destino è tremendamente legato alla Brexit.

Dopo che il Regno Unito sarà uscito dall'Ue, la democrazia, l'Occidente, l'ordine mondiale attuale, non saranno più gli stessi.

Non sappiamo come andrà a finire. Ma se Londra piangerà, l'Ue non riderà. E viceversa.

Appendice
Che cos'è il *No Deal*

L'11 settembre 2019 il governo britannico è stato costretto a pubblicare da una legge delle opposizioni il cosiddetto piano Yellowhammer, «zigolo giallo». Si tratta di alcuni documenti governativi segreti che descrivevano lo scenario peggiore possibile in caso di uscita senza accordo di Londra dall'Ue, il cosiddetto *No Deal*, per cui da un giorno all'altro il Regno Unito uscirebbe brutalmente, senza un periodo di transizione, da tutte le norme e regole, non solo commerciali, che sinora ha condiviso con l'Ue dopo l'ingresso nella Cee del 1973.

Nello scenario peggiore descritto dallo stesso governo nel piano Yellowhammer in caso di *No Deal*, a causa del ritorno delle frontiere, si parla di possibile mancanza di farmaci e di alimenti freschi con conseguente diffusione di malattie, prezzi di cibo ed elettricità destinati a salire, rischio violenze in Irlanda del Nord e nelle strade, caos a Gibilterra e Dover. Nel documento c'è poi un comma, il 15, censurato. Secondo fonti di Downing Street, si tratta di un passaggio oscurato per ragioni commerciali. Ci sarà da credergli, questa volta?

Non solo. Il temutissimo e imminente *No Deal*, oltre al Regno Unito, avrebbe un impatto anche in Europa e in Italia. Boris Johnson, l'uomo che disse *Fuck business*, «Fanculo agli affari», in campagna per la Brexit nel 2016, è colui che, dopo la sua elezione a premier nel luglio 2019, ha promesso l'uscita del Regno Unito dall'Ue il prossimo 31 ottobre, *do or die*, «vita o morte», con o «senza accordo», ovvero il *No Deal*.

Il nodo del confine irlandese, come abbiamo visto nel libro, è stato la prima causa dello stallo Brexit. Ora vengono le conseguenze economiche, potenzialmente molto gravi.

Secondo la Banca d'Inghilterra, con un *No Deal* il Regno Unito potrebbe perdere in un anno fino a cinque punti di Pil, come durante la devastante crisi del 2008. Secondo l'ex governo May, si arriverebbe a otto punti di Pil bruciati nei prossimi quindici anni, il che innescherebbe una nuova dolorosa austerity. Per l'Office for Budget Responsibility, il conto iniziale del *No Deal* per l'economia britannica sarebbe di 29,6 miliardi di sterline.

È tuttora ignoto l'impatto che il *No Deal* avrebbe sui mercati, sulla sicurezza nazionale e sui servizi, che rappresentano circa l'80 per cento dell'economia britannica: visti i potenziali danni devastanti, per tutti, l'Ue in quest'ultimo campo è stata molto collaborativa e, per lo meno a breve termine, non ci dovrebbero essere severe complicazioni, come sui voli aerei. Di certo, i prezzi delle abitazioni oltremanica crollerà del 30 per cento circa secondo la Banca d'Inghilterra, ma il grande rischio saranno i repentini controlli doganali al confine irlandese (modalità ancora non chiara), anche per preservare il mercato unico Ue, che potrebbero far esplodere di nuovo la tensione tra cattolici e protestanti, oltre a danneggiare profondamente l'osmotica economia di Dublino: oltre metà del suo commercio o per esempio della corrente elettrica passa per il Regno Unito.

Inoltre, ci saranno problemi e code alle frontiere con l'Ue, almeno nei primi giorni. Per questo Londra ha aumentato sensibilmente le scorte di alimenti e medicinali negli ultimi mesi. Ma i prodotti deperibili, come l'ortofrutta, non possono essere conservati. E le code alle frontiere avranno un impatto pesante anche per la componentistica del settore auto: ogni piccolo ritardo potrebbe ingolfare le catene di montaggio.

Attualmente il Regno Unito importa dall'Ue il 28 per cento di cibo (in gran parte vegetali e carne) e bevande, ma soprattutto esporta in Europa il 60 per cento di ciò che produce (carne, alcolici e formaggi, per un business complessivo di oltre tredici miliardi di sterline l'anno). È evidente che, con un *No Deal*, sorgerebbero guai serissimi per agricoltori e allevatori britannici. Per esempio su varie parti di agnello britannico, le tariffe Ue potrebbero arrivare al 40 per cento. Oppure esportare in Canada (che con l'Ue ha l'accordo di libero scambio Ceta) una forma gigante di cheddar da 500 sterline, secondo un calcolo della Bbc, potrebbe arrivare a costare 1200 sterline (+245 per cento). A quel punto, Londra dovrà negoziare immediatamente un accordo di libero scambio con l'Ue, oppure trovare nuovi sbocchi di mercato, in primis gli Stati Uniti di Donald Trump.

Il pound ha perso molto valore dopo il referendum Brexit del 2016, fino ad arrivare in quasi parità con l'euro. Se, con il *No deal*, andasse in pari anche con il dollaro (nell'estate 2019 intorno a 1,20 dollari circa), o sprofondasse ancora di più, Londra potrebbe entrare in una spirale pericolosa: per fermare il panico da vendita sui mercati, la Banca d'Inghilterra utilizzerebbe, almeno in parte, i 135 miliardi di riserve monetarie, facendo però schizzare l'inflazione – fino al 5 per cento – e, in un effetto domino, sarebbe costretta ad alzare i tassi di interesse, legandosi però così le mani per eventuali politiche espansive. A quel punto, potrebbe crollare anche la fiducia dei mercati nei bond britannici, soprattutto se le agenzie di rating esprimessero giudizi severi.

Certo, una sterlina debole potrebbe aiutare le esportazioni britanniche, con Londra, dopo il *No Deal*, catapultata nel commercio mondiale in base alle regole del Wto (e non più quelle di unione doganale e mercato unico Ue). Tuttavia, anche qui potrebbero sorgere molte complicazioni, soprattutto a causa dell'impatto dei dazi. Per evitare una pericolosa schizzata dei prezzi al dettaglio oltremanica, il governo Johnson ha già fatto sapere che, riguardo all'import, azzererà le tariffe (almeno per un anno) dell'87 per cento delle merci (da Ue e resto del mondo) «innocue» per i prodotti britannici, come marmellate, arance, tv, piselli, olio d'oliva, prodotti mediterranei, batterie e tappeti. Resteran-

Che cos'è il No Deal

no invece su prodotti come carne, formaggi, autovetture e loro componenti, ceramiche.

Il vero problema, però, sarà nelle esportazioni: se l'Ue manterrà i suoi dazi, che arrivano al 10 per cento per auto (e componentistica) fino al 35 per cento per alcuni prodotti caseari, molte piccole imprese nel Regno Unito potrebbero essere spazzate via. Secondo un'analisi del *Guardian*, con le regole Wto post *No Deal*, l'export di Londra ci rimetterebbe ben sei miliardi, che andrebbero a colpire soprattutto il settore automobilistico (2,2 miliardi) e quello alimentare (1,7 miliardi).

Esempio pratico: per la produzione dell'automobile Mini, ogni giorno si lavora oltremanica, nello stabilimento di Hams Hall, l'albero motore arrivato ibrido dalla Francia. Una volta pronto, questo viene inviato a Monaco di Baviera. Qui viene completato il motore, il quale a sua volta viene nuovamente spedito nel Regno Unito alla fabbrica della Mini a Oxford, dove viene installato nella vettura. Tutto questo, fuori dall'Ue, sarà estremamente costoso e complicato. Bmw, che produce le Mini a Oxford, ha già fatto sapere che in caso di *No Deal* potrebbe spostarsi altrove. Ma molte altre case del settore automobilistico (il fiore all'occhiello di Thatcher) sono sul piede di guerra, dalla Vauxhall alla Nissan: per i giapponesi sinora il Regno Unito è stato il canale ideale per fare affari in Ue.

In tutto questo, a guadagnarci da un *No Deal* secondo uno studio della Conferenza delle Nazioni Unite su commercio e sviluppo, sarebbero sicuramente gli Stati Uniti, che con il *No Deal* ingrosserebbero l'export verso il Regno Unito di ben 5,34 miliardi di dollari. Ma la vera vincitrice sarebbe la Cina, con un aumento di dieci miliardi di dollari (+17 per cento) nel suo export oltremanica.

Gli sconfitti di un *No Deal* sarebbero gli europei, che perderebbero almeno trentacinque miliardi di esportazioni, pari all'11 per cento del totale. Stando a uno studio di Bertelsmann, l'Irlanda, la Germania, la Francia e i Paesi Bassi sono le nazioni più esposte al *No Deal*: i francesi si impoverirebbero di 120 euro pro capite, i tedeschi di 115, poca roba però rispetto ai 873 euro a testa per i britannici e i 726 per gli irlandesi.

Secondo un report dell'università di Lovanio, il Regno Unito a causa del *No Deal* perderebbe addirittura 526mila posti di lavoro, la Germania 291.930, la Francia 141.320, la Polonia 122.950, mentre per l'Italia si tratterebbe di 139.140 posti di lavori in fumo. Un prezzo salatissimo. Inoltre, secondo EY, la grande incertezza della Brexit sinora ha già fatto evaporare un triliardo di asset e investimenti oltremanica.

Secondo uno studio di EY, il *No Deal* costerà circa 4 miliardi al nostro Paese in termini di export (business complessivo da 23 miliardi) e import (11 miliardi, soprattutto componenti auto, macchinari e prodotti chimici e farmaceutici, tutti a forte rischio di nuove tariffe). Il business del made in Italy agroalimentare sul mercato britannico (il quarto per l'Italia dopo Germania, Francia e Stati Uniti) ammonta a 3,4 miliardi di euro, con circa il 30 per cento di prodotti a indicazione geografica e di qualità. A essere più colpito sarebbe il settore vinicolo, visto che il 14 per cento delle nostre esportazioni (business da 827 milioni nel 2018) va oltremanica e, nello specifico, circa il 35 per cento di quelle dell'amatissimo prosecco (350 milioni di euro, Londra è il miglior cliente e ne ha aumentato l'import dall'Italia del 1173 per cento dal 2003 al 2016). A seguire quello dei formaggi (soprattutto Grana e Parmigiano) e dei salumi i cui dazi, come detto, potrebbero toccare il 35 per cento dopo il *No Deal*. A essere colpite sarebbero soprattutto aree come Milano, Torino, Modena e Treviso (le «capitali» dell'agroalimentare italiano). Impatto quasi certo anche per il settore automobilistico (1,2 miliardi in gioco), della moda (il Regno Unito è il terzo importatore del nostro tessile e abbigliamento, 800 milioni) e dell'arredamento (650 milioni).

La Coldiretti ha duramente accusato il nuovo premier britannico di essere «nemico del prosecco», perché in caso di *No Deal* «i primi a soffrirne sarebbero proprio il Prosecco e gli altri prodotti Made in Italy». Non solo: secondo l'associazione agricola italiana, «il *No Deal* provocherebbe anche grossi rischi di contraffazione e tutela giuridica dei prodotti a denominazione di origine come il Prosecco Dop che senza protezione europea rischiano di subire la concorrenza sleale dei prodotti di imitazione. Si vedano i casi, in passato, della vendita in Gran Bretagna di falso prosecco alla spina, in lattina o in polvere nei wine kit». Insomma, per la Coldiretti c'è un «rischio reale» per cui il Regno Unito «diventi un porto franco del falso made in Italy».

Glossario essenziale

Questione irlandese

È tornata alla ribalta proprio a causa della Brexit ed è il tema più spinoso delle trattative Uk-Ue, che ha prima ingolfato le trattative e poi fatto affossare l'accordo Brexit che aveva raggiunto May con l'Europa, in quanto contenente il controverso *backstop* (si veda la voce successiva).

Il problema è di difficilissima risoluzione: la fragile ma sinora duratura pace tra Irlanda del Nord e repubblica d'Irlanda è stata possibile anche grazie al confine aperto tra i due Paesi, garantito dalla libera circolazione dell'Ue di cui Dublino e Regno Unito hanno sinora fatto parte. Questo dopo gli Accordi di pace del Venerdì Santo nel 1998, ma soprattutto dopo l'antecedente accesso del Regno Unito nell'unione doganale Ue (1973, coincidente con l'ingresso di Londra nella Cee) e poi dal 1993 nel mercato unico, che di fatto avevano già abolito le frontiere e i checkpoint tra le due nazioni.

Ora, con l'uscita del Regno Unito dall'Ue, dovrà essere rimesso un confine. Sia Londra che l'Europa concordano: dovrà essere soft, cioè morbido, anzi meglio invisibile, per non riaizzare le tensioni. Un confine non solo da parte del Regno Unito (che, lo ricordiamo, è il suo unico terrestre), ma anche da parte dell'Unione Europea, che deve preservare l'integrità e la qualità del suo mercato unico (si veda la voce successiva). Ma dove verrà messo?

Essendo il problema complicatissimo, May e l'Ue nel novembre 2018 si sono accordati su una clausola di assicurazione, il famigerato *backstop*, che ha fatto esplodere le polemiche a Londra.

Backstop

Questa strana parola che spesso ascoltate in tv o leggete sui giornali è una soluzione temporanea proposta dall'Europa il cui obiettivo è, anche qui, «lasciare che la situazione sull'isola d'Irlanda rimanga più o meno la stessa di oggi al confine» in attesa di una soluzione definitiva. Il tutto per evitare che si riaccendano le tensioni tra nord e sud.

Dunque, per evitare un radicale e pericolosissimo ritorno delle frontiere e dei controlli commerciali al checkpoint, che potrebbero presto trasformarsi in obiettivi di terroristi, dissidenti repubblicani e altri estremisti, l'idea di fondo del *backstop* è che l'Irlanda del Nord, o alternativamente l'intero Regno Unito, rimanga temporaneamente agganciato alle regole dell'unione doganale e allineato alle norme del mercato unico, fino a quando Londra e Ue non troveranno nel tempo una soluzione definitiva post Brexit.

Il *backstop* ha scatenato le proteste dei brexiter e degli euroscettici più duri, e non solo, principalmente per tre motivi.

Uno: essendo la sua natura «a oltranza», potrebbe essere applicato teoricamente all'infinito, qualora i due Paesi non trovassero una soluzione a lungo termine sul confine irlandese.

Due: l'ipotesi di *backstop* con soltanto l'Irlanda del Nord allineata – per un tempo ugualmente indefinito – alle norme Ue ha scatenato la furia degli unionisti nordirlandesi, secondo i quali ciò preluderebbe alla spaccatura del Regno Unito, con Belfast che potrebbe rimanere agganciata all'Ue per chissà quanto tempo.

Tre: l'ipotesi di *backstop* riguardante tutto il Regno Unito ha ugualmente generato grosse critiche oltremanica perché, pur proteggendo l'integrità territoriale del Paese, costringerebbe Londra a rimanere legata all'unione doganale Ue e a una sorta di mercato unico, anche qui per un tempo potenzialmente indeterminato, limitando fortemente la sua capacità di stringere nuove alleanze commerciali con altri blocchi (si vedano in proposito le voci successive).

Unione doganale Ue

È l'unione che, in pratica, dal 1968 raggruppa tutte le dogane degli Stati partecipanti, come se fossero un'unica entità. I membri dell'Unione doganale non sono soltanto tutti quelli dell'Ue, ma anche il principato di Monaco e, attraverso accordi bilaterali, Andorra, San Marino e Turchia. Come spiega il sito ufficiale dell'Ue, l'obiettivo e i vantaggi dell'unione doganale sono «agevolare gli scambi commerciali per le imprese, armonizzando i dazi doganali sui beni provenienti dai Paesi extra Ue e proteggere i cittadini, gli animali e l'ambiente europei». Ma soprattutto, le nazioni che ne fanno parte non si impongono dazi tra di loro, mentre utilizzano le stesse tariffe comuni nei confronti delle merci e dei beni importate dall'esterno dell'unione doganale.

C'è un altro aspetto fondamentale dell'unione doganale, ed è per questo che una soluzione sulla Brexit che la contempli è invisa ai brexiter ma anche a molti altri conservatori moderati: i Paesi membri dell'unione doganale Ue non possono stringere accordi commerciali con altri blocchi o Stati. Ecco perché, l'idea del leader laburista Jeremy Corbyn di una Brexit soft con permanenza del Regno Unito nell'unione doganale Ue è invisa a molti ed è quasi impossibile che otterrà una maggioranza nel parlamento britannico: sarebbe troppo penalizzante.

Mercato unico europeo

È un'evoluzione ancora più marcata dell'unione doganale. Ne fanno parte tutti i Paesi Ue, ma anche, con alcune eccezioni, Islanda, Norvegia, Liechtenstein e Svizzera, attraverso altri accordi bilaterali (nel caso di Berna) o l'appartenenza alla Associazione europea di libero scambio, formatasi nel 1960 intorno a quegli Stati che, pur volendo entrare a far parte del mercato unico Ue, non volevano entrare nella Cee (Comunità economica europea), l'antesignano dell'attuale Unione Europea.

Il concetto di base del Mercato unico europeo, nato nel 1993, è proprio quello di unire i «mercati», i «commerci» e il capitale umano di tutti i suoi stati membri, considerandoli come un unico blocco, coordinando quindi collettivamente le varie norme e politiche commerciali, alimentari, ambientali, di sicurezza eccetera. Alla base di questa enorme piattaforma vi è il pilastro della libera circolazione di ben quattro entità: persone, servizi, beni e capitali.

Dunque, come spiega lo stesso sito ufficiale dell'Unione Europea, l'obiettivo è «consentire ai cittadini europei di studiare, vivere, fare acquisti, lavorare e andare in pensione in qualsiasi Paese dell'Ue e di disporre di prodotti provenienti da tutta Europa. A tale scopo, garantisce la libera circolazione di merci, servizi, capitali e persone in un mercato interno unico a livello dell'Ue. Attraverso l'eliminazione di barriere tecniche, giuridiche e burocratiche, l'Ue permette inoltre ai cittadini di commerciare e svolgere attività imprenditoriali liberamente».

Avocato dalla stessa premier euroscettica Margaret Thatcher, che ne intravide le grandi possibilità commerciali e di sviluppo per il Regno Unito, negli ultimi tempi, soprattutto a causa del referendum sulla Brexit, il mercato unico Ue è finito sotto accusa in Regno Unito principalmente per due ragioni. La prima è quella che diversi politici hanno chiamato «l'immigrazione selvaggia» da alcuni Paesi Ue, soprattutto quelli dell'Est. La seconda sono le norme che, in quanto mercato unico, Ue impone su quantità e qualità delle merci, dei prodotti e della loro circolazione. L'intento principale del mercato Ue è ovviamente quello di armonizzare internamente la sua forza commerciale e produttiva, ma questo porta anche a inevitabili storture, come le famigerate limitazioni ai pescatori scozzesi, che hanno aizzato gli animi euroscettici.

Maastricht

È un altro pilastro dell'Europa, poi inglobato dal Trattato di Lisbona, e soprattutto dell'euro, perché ha praticamente dato vita all'Unione Europea di oggi. Il Regno Unito, con tantissima fatica da parte dell'allora premier John Major, ne è entrato a far parte come tutti gli altri Paesi Ue nel 1993, anche se poi non ha adottato la moneta unica. Oltre a quelle giudiziarie, di politica estera e di sicurezza comuni, pone le basi economiche, parzialmente valide ancora oggi, dell'Unione: obiettivo debito pubblico ristretto al 60 per cento e rapporto annuale deficit-Pil non superiore al 3 per cento. È un passaggio fondamentale dell'integrazione europea ed è per questo che in Regno Unito ha generato negli anni moltissime polemiche.

Note

Prologo. «Brexit no! Anzi, sì!»

1. Tim Shipman, *All Out War: The Full Story of How Brexit Sank Britain's Political Class*, HarperColllins, pag. 172.

Introduzione. Perché la Brexit ci riguarda

1. Antonello Guerrera, "John Banville 'La sua isola è anti-Brexit'", *la Repubblica*, 21 aprile 2019.
2. Craig Oliver, *Unleashing Demons: The Inside Story of Brexit*, Hodder & Stoughton, 2016.
3. Eurobarometer 2019 consultabile all'indirizzo: https://bit.ly/2mqQdrC

1. Nella testa di Boris Johnson

1. Ministro degli Esteri della Danimarca all'epoca del referendum popolare del 1992 sul trattato di Maastricht respinto dal 50,7 per cento dei danesi, in una recente intervista al Guardian, consultabile all'indirizzo: https://bit.ly/2m86BwY
2. https://bit.ly/2kNX2Dq

3. https://bit.ly/2kXv1ck
4. David Cameron, *For the Record*, William Collins, 2019.
5. Harry Mount, *The Wit and Wisdom of Boris Johnson*, Bloomsbury, 2018, pag. 78
6. Per approfondire si legga questo studio: "Confronto e analisi delle notizie sull'Unione Europea nella stampa del Regno Unito e in quella della Danimarca" di Janet Elizabeth Taylor consultabile all'indirizzo: https://bit.ly/2kvdfgx
7. Charles Grant, *Delors: Inside the House that Jacques Built*, Nicholas Brealey, 1994, pag. 215.
8. *Ibid.*
9. La gaffe di Johnson: "'Questa aringa così incartata simbolo della follia Ue'. Ma è una legge britannica", *la Repubblica*, 18 luglio 2019. Consultabile all'indirizzo: https://bit.ly/2m36XFe
10. Dan Bloom, "37 lies, gaffes and scandals that make Boris Johnson unfit to be Prime Minister", *the Daily Mirror*, 24 luglio 2019, consultabile all'indirizzo: https://bit.ly/2ZaHSpB
11. Max Hastings: "I was Boris Johnson's boss: he is utterly unfit to be prime minister", *the Guardian*, 24 giugno 2019, consultabile all'indirizzo: https://bit.ly/2IXdWqU
12. Sonia Purnell, *Just Boris: A Tale of Blond Ambition*, Aurum Press, 2012, pag. 81.
13. Boris Johnson, *The Churchill Factor: How One Man Made History*, Hodder Paperbacks, 2015.
14. Andrew Gimson, *Boris, the rise of Boris Johnson*, Simon & Schuster, 2006, pag. XIV.
15. Antonello Guerrera, "Il Regno di Boris", *il Venerdì di Repubblica*, 10 luglio 2019, consultabile all'indirizzo: https://bit.ly/2XC9Oqw
16. Sonia Purnell, *Just Boris: A Tale of Blond Ambition*, Aurum Press, 2012, pag. 49.
17. *Ivi*, pag. 57.
18. *Ivi*, pag. 82.
19. *Ivi*, pag. 92

20. Adam Boulton, "Carrie Symonds's sofa may be ruined but she can save Boris Johnson — if she wants to", *the Times*, 23 giugno 2019, consultabile all'indirizzo: https://bit.ly/2m-4DquZ
21. Antonello Guerrera, "Il Regno di Boris", *il Venerdì di Repubblica*, 10 luglio 2019, consultabile all'indirizzo: https://bit.ly/2XC9Oqw
22. Boris Johnson, "The talkRadio interview", 25 giugno 2019, consultabile all'indirizzo: https://bit.ly/2ZNL1wq
23. Sonia Purnell, *Just Boris: A Tale of Blond Ambition*, Aurum Press, 2012, pag. 32.
24. George Orwell, *The Collected Non-Fiction: Essays, Articles, Diaries and Letters, 1903-1950*, Penguin, 2017, pag. 2475.
25. Boris Johnson, "I'm no longer Nasty, but please stop lying about Nice", *the Daily Telegraph*, 17 ottobre 2002.
26. Boris Johnson, *Friends, Voters, Countrymen*, HarperCollins, 2002, pagg. 218-19.
27. Fintan O'Toole, *Heroic Failure*, Head of Zeus, pag. 134.
28. "'A couple of black eyes': Johnson and the plot to attack a reporter", *the Guardian*, 14 luglio 2019, consultabile all'indirizzo: https://bit.ly/2kylMPO
29. "Boris Johnson on using cocaine: 'I tried it at university and I remember it vividly'", *GQ*, 10 giugno 2019.
30. Si veda il capitolo 8.
31. Sonia Purnell, *Just Boris: A Tale of Blond Ambition*, Aurum Press, 2012, pag. 184.
32. Tim Shipman, *All Out War: The Full Story of How Brexit Sank Britain's Political Class*, HarperColllins, pag. 169.
33. *Ivi*, pag. 171.
34. Si veda il capitolo 13.
35. Tim Shipman, *All Out War: The Full Story of How Brexit Sank Britain's Political Class*, HarperColllins, pag. 162.
36. David Cameron, "Johnson is a liar who only backed Leave to help his career", *the Guardian*, 15 settembre 2019, consultabile all'indirizzo: https://bit.ly/2ki2RbT

37. "David Cameron is a girly swot, says Boris Johnson in leaked note", *the Times*, 07 settembre 2019, consultabile all'indirizzo: https://www.thetimes.co.uk/article/david-cameron-is-a-girly-swot-says-boris-johnson-in-leaked-note-3bsq9dzlp
38. Tim Shipman, *All Out War: The Full Story of How Brexit Sank Britain's Political Class*, HarperColllins, pagg. 161-62.
39. *Ivi*, pag. 167.
40. Roger Lewis, *What Am I Still Doing Here?*, Hachette 2011, pag. 201.
41. Harold D. Clarke, Matthew Godwin, Paul Whetley, *Why Britain voted to leave the European Union*, Cambridge University Press, pag. 186.
42. Enrico Franceschini, "Il Regno disunito", *la Repubblica*, 27 luglio 2019, consultabile all'indirizzo: https://bit.ly/2moiu1Z

2. La dinastia (europeista) dei Johnson

1. Alex Matthews, "Boris Johnson's Remainer sister Rachel strips off on Sky News for Brexit stunt", *the Sun*, 15 febbraio 2019, consultabile all'indirizzo: https://bit.ly/2ktkDJa

3. Viaggio lungo il confine irlandese di nuovo in bilico

1. Colm Tóibín, *Bad Blood: A Walk Along the Irish Border*, Picador, 2010.
2. Enrico Franceschini, "Irlanda, la nuova frontiera", *la Repubblica*, 20 aprile 2019, consultabile all'indirizzo: https://bit.ly/2mq3rVv
3. Antonello Guerrera, "Chi era Lyra McKee, promessa del giornalismo e attivista gay uccisa dalla 'Nuova Ira' a Derry", *la Repubblica*, 19 aprile 2019, consultabile all'indirizzo: https://bit.ly/2m3hnEQ
4. Darach MacDonald, *Hard Border: Walking through a Cen-*

tury of Partition, New Island Books, 2018. Si veda anche a tal proposito, Diarmaid Ferriter, *The Border: The Legacy of a Century of Anglo-Irish Politics*, Profile Books, 2019.
5. Antonello Guerrera, "Viaggio al confine della Brexit dove le paure degli irlandesi incrociano il futuro dell'Europa", *la Repubblica*, 10 febbraio 2019, consultabile all'indirizzo: https://bit.ly/2l1aPqb
6. David McWilliams, "Why the idea of a united Ireland is back in play", *Financial Times*, 30 novembre 2018.

4. La crepa che può inghiottire il Regno Unito: la Scozia

1. Robert Saunders, *Yes to Europe!*, Cambridge University Press, 2018.
2. Griffin Carpenter in Gerry Hassan, Russell Gunson, *Scotland, the UK and Brexit*, Luath Press Ltd, 2017, pag. 152.
3. Gerry Hassan, Russell Gunson, *Scotland, the UK and Brexit*, Luath Press Ltd, 2017, pag. 55.
4. Si veda il Prologo di questo libro.
5. La premier scozzese Sturgeon: "Il Regno Unito è destinato a morire", 5 settembre 2019, consultabile all'indirizzo: https://bit.ly/2kypJnF
6. Sir John Curtice, "Scottish public opinion and Brexit: not so clear after all?", in Gerry Hassan, Russell Gunson, *Scotland, the UK and Brexit*, Luath Press Ltd, 2017, capitolo 4.
7. Murray Stewart Leith, *Political Discourse and National Identity in Scotland*, Edinburgh University Press, 2012.
8. Harriet Sherwood, "Is Scotland finally set to bid farewell to the union?", *the Observer*, 11 agosto 2019, consultabile all'indirizzo: https://bit.ly/2mwpIBh
9. Antonello Guerrera, "William Dalrymple: 'Boris calpesta la Storia. Così il Regno si divide'", *la Repubblica*, 28 agosto 2019, consultabile all'indirizzo: https://bit.ly/2mq7SzD

10. John H. Elliott, *Scots and Catalans: Union and Disunion*, Yale University Press, 2018.
11. Antonello Guerrera, "La premier scozzese Sturgeon: 'Il Regno Unito è destinato a morire'", *la Repubblica*, 5 settembre 2019, consultabile all'indirizzo: https://bit.ly/2kypJnF
12. Sean Bell, "New poll shows increasing support for indyref2 as Scottish Tories face near-wipeout", *Commonspace*, 4 settembre 2019, consultabile all'indirizzo: https://bit.ly/2kAv5yM
13. Carole Cadwalladr, "Facebook's role in Brexit — and the threat to democracy", *Ted 2019*, visibile all'indirizzo: https://bit.ly/2VcEE7r
14. Lewis Godall, "Wexit? Wales could opt for independence if Westminster does not redeem itself", *Sky News*, 16 settembre 2019, consultabile all'indirizzo: https://bit.ly/2lUoEqk

5. Orer! A tu per tu con John Bercow

1. Emilio Casalicchio, "What the Brexit bombshell dropped by John Bercow means for Theresa May", *Politics Home*, 19 marzo 2019.
2. Antonello Guerrera, "Brexit, intervista a John Bercow: 'Perché urlo Ordeeerr! La mia vita e il futuro del Regno Unito'", *la Repubblica*, 27 marzo 2019, consultabile all'indirizzo: https://bit.ly/2mqj67f
3. "Order, order! Speaker John Bercow talks coffee and bobble hats after he's asked about yesterday's dramatic Brexit decision", Bbc, 19 marzo 2019, consultabile all'indirizzo: https://bit.ly/2muRZYW

6. The Rule of Boh. La tempesta perfetta

1. Eatwell Roger e Matthew Goodwin, *National Populism: The*

Revolt Against Liberal Democracy, Pelican Books, 2018, pag. XVI.
2. David Goodhart, "Our sense of decency survived the war. It won't survive this", *the Times*, 8 agosto 2019, consultabile all'indirizzo: https://bit.ly/2ktyf7e
3. Matthew Goodwin, "Boris Johnson needs more than 'Mansfield Man' to win big at general election", *the Times*, 4 agosto 2019, consultabile all'indirizzo: https://bit.ly/2kOkdgV
4. James Wood, "Boris Johnson could go to prison if he carries through with his threat to ignore the law and refuse to delay Brexit, former Director of Public Prosecutions Lord MacDonald warns as MPs prepare legal case against PM", *the Daily Mail*, 7 settembre 2019, consultabile all'indirizzo: https://dailym.ai/2kY4qvK
5. Ronan McCrea, "Brexit may have just killed the British constitution", *the Irish Times*, 20 marzo 2019.
6. David Judge, "Brexit and parliamentary legitimation: beyond constitutional minutiae", *London School of Economics Blog*, 14 agosto 2019, consultabile all'indirizzo: https://bit.ly/2kACG0g
7. Ronan McCrea, "Brexit may have just killed the British constitution", *the Irish Times*, 20 marzo 2019.
8. Dernon Bogdanor, "Post-Brexit Britain may need a constitution – or face disintegration", *the Guardian*, 18 gennaio 2019, consultabile all'indirizzo: https://bit.ly/2kACG0g
9. Andrew Rawnsley, "Mr Johnson's plot to subvert democracy is more dangerous than Brexit itself", *the Observer*, 11 agosto 2019, consultabile all'indirizzo: https://bit.ly/3303zG5
10. Francis Fukuyama, *Political Order and Political Decay: From the French Revolution to the Present*, Profile Books, 2015.
11. "The next to blow Britain's constitutional time-bomb", *the Economist*, 30 maggio 2019.
12. Chris Patten, "Is Britain Becoming a Failed State?", *Project Syndicate*, 20 agosto 2019, consultabile all'indirizzo: https://https://bit.ly/2mw0F1b

8. La classe politica «peggiore di sempre»

1. Matthew Parris, "Theresa May is the Death Star of British politics", *the Times*, 22 febbraio 2019.
2. Benjamin Grob-Fitzgibbon, *Continental Drift: Britain and Europe from the End of Empire to the Rise of Euroscepticism*, Cambridge University Press, 2016, pag. 8.
3. Kevin O'Rourke, *A Short History of Brexit: From Brentry to Backstop*, Pelican, 2019, pag. 7.
4. *Ivi*, pag. 38.
5. *Ivi*, pag. 47.
6. Benjamin Grob-Fitzgibbon, *Continental Drift: Britain and Europe from the End of Empire to the Rise of Euroscepticism*, Cambridge University Press, 2016, pag. 290.
7. Kevin O'Rourke, *A Short History of Brexit: From Brentry to Backstop*, Pelican, 2019, pag. 73.
8. Nick Farrell, "Io e il mio amico Boris, facciamo i buffoni ma non siamo buffoni", *il Giornale*, 24 luglio 2019, consultabile all'indirizzo: https://bit.ly/2kOzvlO
9. *Ibidem*.
10. Rajeev Syal, "Jeremy Corbyn says he regrets calling Hamas and Hezbollah 'friends'", *the Guardian*, 4 luglio 2016, consultabile all'indirizzo: https://bit.ly/2pvYycZ
11. "Irate Corbyn refuses to say if he regrets working for Iran's Press TV", *Times of Israel*, 26 settembre 2018, consultabile all'indirizzo: https://bit.ly/2m2UQYU
12. Philip Stevens, "Ideology blinds Jeremy Corbyn to Venezuela's plight", *Financial Times*, 7 febbraio 2019, consultabile all'indirizzo: https://on.ft.com/2m8EVrM
13. Tom Rainer, "Salisbury attack: 'Sheer fury' at Corbyn's response to spy poisoning", *Sky News*, 14 marzo 2018, consultabile all'indirizzo: https://bit.ly/2FYvkLt
14. "Full report: Skripal Poisoning Suspect Dr. Alexander Mishkin, Hero of Russia", *Bellingcat*, 9 ottobre 2019, consultabile all'indirizzo: https://bit.ly/2A0GaxX

15. Antonello Guerrera, "'Antisemitismo nel Labour', polemica per un documentario Bbc. Il partito: 'Tutto falso'", *la Repubblica*, 11 luglio 2019, consultabile all'indirizzo: https://bit.ly/2mte8qp
16. Antonello Guerrera, "Campbell: "Corbyn mi caccia, ma questo Labour va verso l'oblio", *la Repubblica*, 29 maggio 2019, consultabile all'indirizzo: https://bit.ly/2m0HDQd
17. "Jeremy Corbyn's positions on the EU, Europe and sovereignty", *Channel 4*, 11 febbraio 2019, consultabile all'indirizzo: https://bit.ly/2kyJ6wT
18. Jörg Schindler, "Interview with Labour Leader Jeremy Corbyn 'We Can't Stop Brexit'", *der Spiegel*, 9 novembre 2018, consultabile all'indirizzo: https://bit.ly/2kv96ZR
19. Tim Shipman, *All Out War: The Full Story of How Brexit Sank Britain's Political Class*, William Collins, 2016, pag. 72.
20. Tom Bower, *Dangerous Hero: Corbyn's Ruthless Plot for Power*, William Collins, 2019.
21. *Ibidem*.
22. https://bit.ly/2kPB7vB
23. https://bit.ly/2ktJsok

9. «Così abbiamo sfamato il coccodrillo che ci divorerà»

1. Tim Shipman, *All Out War: The Full Story of How Brexit Sank Britain's Political Class*, William Collins, 2016, pag. 608.

10. *Guidati dagli asini*

1. https://bit.ly/2m59kr4
2. Harriet Sherwood, "Led by Donkeys show their faces at last: 'No one knew it was us'", *the Guardian*, 25 maggio 2019, consultabile all'indirizzo: https://bit.ly/2W4Wv11
3. Intervista video *Sky News*, consultabile all'indirizzo: https://bit.ly/2jWb7ho

4. Discorso di annuncio pubblico alla campagna referendaria per la Brexit, consultabile all'indirizzo: https://bit.ly/2OBvHNh
5. https://bit.ly/2mqADMB
6. https://bit.ly/2m9Fstv
7. https://bit.ly/2HLr9Wy
8. https://bit.ly/2lSpmEB
9. Intervista al *Daily Mirror*, consultabile all'indirizzo: https://bit.ly/2LrPHAv
10. https://bit.ly/2ktQZ6A
11. Frasi pronunciate durante il suo programma alla radio Lbc, consultabili all'indirizzo: https://bit.ly/2mqEhpL
12. Comizio del Brexit Party a Londra, consultabile all'indirizzo: https://bbc.in/2mwhb1b
13. https://bit.ly/2m9ZaoY

11. Tutti gli errori di Londra. E dell'Ue

1. Si vedano i capitoli precedenti e il glossario.

12. The Italian Job. Da Casaleggio alla Brexit

1. Arron Banks, *The Bad Boys of Brexit: Tales of Mischief, Mayhem & Guerrilla Warfare in the EU Referendum Campaign*, Biteback Publishing, 2016.
2. *Ivi*, pag. 201.
3. https://bit.ly/30zQwA3
4. Jacopo Iacoboni, *L'esperimento. Inchiesta sul Movimento 5 stelle*, Laterza, 2018.
5. Jarren Loucaides, "Building the Brexit party: how Nigel Farage copied Italy's digital populists", *the Guardian*, 21 maggio 2019, consultabile all'indirizzo: https://bit.ly/30zQwA3
6. Paolo Gerbaudo, *The digital Party: Political Organisation and Online Democracy*, Pluto Press, 2018.

7. Jacopo Iacoboni, *L'esperimento. Inchiesta sul Movimento 5 stelle,* Laterza, 2018.
8. Arron Banks, *The Bad Boys of Brexit: Tales of Mischief, Mayhem & Guerrilla Warfare in the EU Referendum Campaign*, Biteback Publishing, 2016, pag. 201.
9. http://bit.ly/2l1gT1L
10. Antonello Guerrera, "Cadwalladr: 'Così le bufale su Facebook truccano elezioni e referendum'", *la Repubblica*, 8 giugno 2019, consultabile all'indirizzo: http://bit.ly/2krFfBw
11. Antonello Guerrera, "Parla Nigel Farage: 'La Brexit è solo l'inizio. Ecco perché anche l'Italia uscirà dall'Europa'", *la Repubblica*, 16 marzo 2019.

13. Il Rasputin di Boris

1. Robert Peston, "The truth about Dominic Cummings, writes Robert Peston", *ITV News*, 9 agosto 2019, consultabile all'indirizzo: http://bit.ly/2kP74nM
2. Karla Adam e Adam Taylor, "The shadowy strategist behind Boris Johnson's Brexit push", *the Washington Post*, 24 agosto 2019, consultabile all'indirizzo: https://wapo.st/2n7t9yC
3. Cummings, "Why Leave Won the Referendum", *YouTube*, consultabile all'indirizzo: http://bit.ly/2mtFSex
4. "An optimistic Eurosceptic", *the Economist*, 21 giugno 2019, consultabile all'indirizzo: https://econ.st/2lE20CA
5. Dominic Cumming's Blog, "Review of Allison's book on US/China & nuclear destruction, and some connected thoughts on technology, the EU, and space", 29 settembre 2017, consultabile all'indirizzo:https://bit.ly/2vxLiJp
6. http://bit.ly/2mxhTeD
7. http://bit.ly/2m97K7s
8. Ailbhe Rea, "The strange cult of Dominic Cummings", *the New Statesman*, 21 agosto 2019, consultabile all'indirizzo: http://bit.ly/2mwzFP7
9. Bagehot, "An interview with Dominic Cummings", *the Eco-

nomist, 21 gennaio 2016, consultabile all'indirizzo: https://econ.st/2m19SOJ

14. Senza controllo

1. Boris Johnson durante il suo discorso davanti casa a Londra del 21 febbraio 2016. "Boris Johnson Announces He Will Campaign For Britain To Leave The EU", *Sky News*, 21 febbraio 2016, consultabile all'indirizzo: https://bit.ly/2vxLiJp
2. David Cameron, allora premier britannico, in un'intervista alla Bbc il 21 febbraio 2016, lo stesso giorno dell'annuncio di Johnson: "You have an illusion of sovereignty but you don't have power", Bbc, 21 febbraio 2016, consultabile all'indirizzo: https://bbc.in/2myX16G
3. Fintan O'Toole, *Heroic Failure: Brexit and the Politics of Pain*, Head of Zeus, 2018, pag. 43.
4. Roger Eatwell e Matthew Goodwin, *National Populism: The Revolt Against Liberal Democracy*, Pelican, 2018.
5. Si veda il capitolo precedente.
6. Tim Shipman, *All Out War: The Full Story of How Brexit Sank Britain's Political Class*, William Collins, 2016, pag. 345.
7. Roger Eatwell e Matthew Goodwin, *National Populism: The Revolt Against Liberal Democracy*, Pelican, 2018.
8. Francis Fukuyama, *Identity: The Demand for Dignity and the Politics of Resentment*, Farrar, Straus and Giroux, 2018, pag. 125.
9. *Ivi*, introduzione.
10. Si veda in proposito il capitolo 8.
11. Si legga a tal proposito questo notevole reportage del *New York Times* sui danni che la cancellazione di tratte di bus locali ha provocato per un'ampia comunità di anziani: Ceylan Yeginsu, "'This Is All We Can Afford': Shrinking Lives in the English Countryside", *the New York Times*, 13 maggio 2019, consultabile all'indirizzo: https://nyti.ms/2W8l6S9

12. Paul Collier, *The Future of Capitalism: Facing the New Anxieties*, Allen Lane, 2018.
13. Mariana Mazzucato e Michael Jacobs, *Ripensare il capitalismo*, Laterza, 2017.
14. Andy Beckett, "The new left economics: how a network of thinkers is transforming capitalism", *the Guardian*, 25 giugno 2019.
15. Larry Elliott, "Brexit is a rejection of globalisation", *the Guardian*, 26 giugno 2016, consultabile all'indirizzo: https://bit.ly/28V6RE5
16. Mary Kaldor, "British democracy has been hollowed out by neoliberalism – and Brexit will make it a whole lot worse", *the Independent*, 12 agosto 2019, consultabile all'indirizzo: https://bit.ly/2mDQZBA
17. Martin Wolf, "Why rigged capitalism is damaging liberal democracy", *Financial Times*, 18 settembre 2019, consultabile all'indirizzo: https://on.ft.com/2m1nut6
18. Si veda Deborah Hargreaves, *Are Chief Executives Overpaid?* (*The Future of Capitalism*), Polity Press, 2018.
19. Martin Wolf, "Why further financial crises are inevitable", *Financial Times*, 19 marzo 2019, consultabile all'indirizzo: https://on.ft.com/2HHVL9W
20. Torben Iversen e David Soskice, *Democracy and Prosperity: Reinventing Capitalism through a Turbulent Century*, Princeton, 2019.
21. Donald Sassoon, *The Anxious Triumph: A Global History of Capitalism*, 1860-1914, Allen Lane, 2019.
22. Si vedano in proposito Paul Mason, *PostCapitalism: A Guide to Our Future*, Penguin, 2015, e Jeremy Rifkin, *La società a costo marginale zero. L'Internet delle cose, l'ascesa del Commons collaborativo e l'eclissi del capitalismo*, Mondadori, 2014.
23. David Edgerton, "The Brexiteers' greatest trick was convincing the old they hated Brussels more than London", *the New Statesman*, 7 agosto 2019, consultabile all'indirizzo: https://bit.ly/2lE1N2x

Indice

Prologo. «Brexit no! Anzi, sì!»	7
Introduzione. Perché la Brexit ci riguarda	15
1. Nella testa di Boris Johnson	24
C'è del marcio in Danimarca	24
Cavoli di Bruxelles	28
Anatomia del potere di Boris	39
2. La dinastia (europeista) dei Johnson	44
Metti un giorno a pranzo con Stanley	47
3. Viaggio lungo il confine irlandese di nuovo in bilico	52
La dannazione di (London)Derry	54
La linea rossa della Brexit	57
«Verremo spazzati via?»	63
Pettigo, il villaggio spaccato in due	68
«No hard border, no soft border, no border!»	70
L'Irlanda unita? «Non è più solo un sogno»	74
4. La crepa che può inghiottire il Regno Unito: la Scozia	78
«Quei parassiti scozzesi meritano l'estinzione»	81
La Scozia una nuova Catalogna?	83

5. *Order!* A tu per tu con John Bercow   87

6. *The Rule of Boh*. La tempesta perfetta   100
   Quei «bravi ragazzi» e la dinamite Johnson   102
   Regno Unito o Stato fallito?   106

7. La profezia di Robert Harris   110

8. La classe politica «peggiore di sempre»   117
   Theresa May «stella della morte» e una breve storia dell'euroscetticismo britannico   117
   «Borisconi» e l'Italia del 1994: un confronto   123
   Compagni che sbagliano: il caso Jeremy Corbyn   127

9. «Così abbiamo sfamato il coccodrillo che ci divorerà»   137

10. Guidati dagli asini   143

11. Tutti gli errori di Londra. E dell'Ue   149
   Le colpe (e le trame) di Bruxelles   155

12. *The Italian Job*. Da Casaleggio alla Brexit   159

13. Il Rasputin di Boris   173
   La Russia e la folle Odissea di «Dom»   177
   La crociata contro l'Europa   184

14. Senza controllo   189

Appendice. Che cos'è il *No Deal*   203

Glossario essenziale   211

Note   217

Finito di stampare nel mese di ottobre 2019
presso Grafica Veneta S.p.A.
Via Malcanton 2 – Trebaseleghe (PD)

Printed in Italy